F. G. G. Schmidt

**Die rieser Mundart**

F. G. G. Schmidt

**Die rieser Mundart**

ISBN/EAN: 9783744671293

Hergestellt in Europa, USA, Kanada, Australien, Japan

Cover: Foto ©ninafisch / pixelio.de

Weitere Bücher finden Sie auf **www.hansebooks.com**

# Die Rieser Mundart.

Inaugural-Dissertation

zur

Erlangung der philosophischen Doctorwürde

an der

Johns Hopkins Universität

zu

Baltimore

vorgelegt von

**Friedrich G. G. Schmidt.**

(Juni 1896.)

**München. 1898.**
J. Lindauersche Buchhandlung (Schöpping).

# I. Geographie und Ethnographie des Rieses.

Das Ries ist ein Gau im südwestlichen Deutschland, wenige Stunden nordwärts von der Donau. Der grössere Teil des Rieses liegt auf bayerischem Gebiet; nur an der Nord- und Westgrenze ragt ein kleiner Teil des Königreichs Württemberg in das Ries herein. Der etwa achtzehn Stunden umfassende Landstrich ist eine kesselförmige Ebene zwischen Öttingen—Wemding—Harburg einerseits und Deggingen —Kirchheim—Marktoffingen andrerseits[1]). Die Umsäumung durch zahlreiche Hügel gibt dem Ries ein anmutiges Bild. Wie der Spiegel eines Sees liegt die Ebene vor uns, begrenzt im Westen durch das von der schwäbischen Alb abfallende Härtsfeld, eine von vielen Rinnen und Thälchen durchzogene, mit Wald bestockte Hochfläche, an deren nördlichem Ende Ipf, (in der Mundart gewöhnlich Nipf genannt), Flochberg, Blasienberg und Hohenbaldern als letzte Warten des schwäbischen Jura sich erheben; im Süden durch eine Reihe von Hügeln, deren höchster die rauhe Wanne bei Bollstadt, dann durch die Berge bei Harburg: Bock, Rollenberg, Hühnerberg. Dort treten zunächst der Egermündung die beiden Flügel des schwäbischen und fränkischen Jura so nahe zusammen, dass die Wörnitz längere Zeit in einem engen, steilrandigen Einschnitte sich durchwindet. Im Osten bildet der äusserste Westrand des

---

[1]) Cf. Monninger, Das Ries p. 1 ff. Cf. Steichele, Das Bistum Augsburg III, 547 ff.

Schmidt, Rieser Mundart.

fränkischen Jura, der Hahnenkamm, welcher mit der Spitze des Spielberges abbricht, die Grenze, nachdem er noch eine kleine Bergpartie, die gelbe Bürg, nordwärts entsendet. Gegen Norden schaut, eine wahre Landmarke zwischen den fränkischen Ebenen und dem Schwabenlande, der vereinzelt sich erhebende auf breiter Grundlage ruhende Hesselberg ins Ries herein. Zweimal ist die Riesebene durch eine Reihe von Höhen unterbrochen. Die westliche läuft wie eine Landzunge vom Albuch und Schönefeld unter den Namen Adlersberg, Staufenberg (jetzt gewöhnlich Stoffelsberg genannt) und Henkelberg (Marienhöhe) bis nahe zur Eger, während der östliche Zug aus den zwischen der Eger und Wörnitz liegenden Erhebungen Spitzberg, Alerheimer Schlossberg und Wennenberg besteht[2]). Der grösste Flusslauf, welcher das Ries durchzieht, ist die Wörnitz. Der Name weist auf keltische Herkunft nach Professor Mayers Behauptung[3]). Im neunten Jahrhundert wurde der Fluss Warinza genannt, im elften Werinze, 1262 Wernze. Die Wörnitz hat eine Reihe von Nebenflüssen, unter denen der wichtigste die Eger ist. Der Name dieses Flusses kommt schon in einer Urkunde vom Jahre 760 vor. Nach Eccard, Fr. or. 1. 570[4]) vermachte nämlich König Pipin, nachdem er im Jahre 748 das Herzogtum Alemannien aufgegeben hatte und über Güter im Ries, wahrscheinlich ehemalige Domänen der Herzoge von Schwaben, verfügen konnte, dem Kloster Fulda eine „villa quae dicitur Thininga (Deiningen) sitam in pago Rezi super fluvio qui vocatur Agira (Eger)". Nach dem Cod. dipl. Fuld. ed. Dronke[5]) p. 14 lautet die volle Schenkung: „760 mens. Jun. Pippinus rex Francorum monasterio Fulda tradit, villa qui (!) dicitur Thininga sitam in pago Rezi, super fluvio qui vocatur Agira".

Bei dieser Schenkung vernehmen wir zum ersten Mal den Namen Riesgau. Eine frühere Erwähnung des Namens, der mit Sicherheit auf den jetzigen Landstrich Ries angewandt werden darf, ist nicht vorhanden. Die von Weng und Guth versuchte

---

[2]) Cf. Monninger, p. 4.
[3]) Mayer, Ortsnamen im Ries, p. 19.
[4]) Schmeller, bayr. Wb. II, p. 149.
[5]) Steichele, Das Bistum Augsburg III, 554.

Erklärung,⁶) nach welcher das schon im Jahre 150 nach Christus von Ptolemaeus erwähnte Riusiana identisch sein soll mit dem heutigen Ries, ist mehr als zweifelhaft. Nach Professor Mayer steht die Herkunft des Namens Ries noch nicht fest. Die wesentlichen alten Formen lauten⁷): „Rezi a. 742; Riezha VIII. Jh.; Rehtsa 866; pagus Retiensis 898; pagus Riezzin 1007; Rhecia 1016; pagus Rieze 1030; Riez 1188; Retia 1248; Rieszhâlde — die südlichen Grenzhöhen des Rieses 1258; Recia und Riess 1429".

Wir haben keinen Grund, einen Zusammenhang zwischen dem Namen Ries und Raetia⁸) zu bezweifeln, da ja letzteres früher eine viel ausgedehntere Landstrecke bezeichnete. Als die glänzendste Kolonie der Provinz Raetien erhob sich die Augusta Vindelicorum, d. i. Augsburg, und noch im XVI. Jahrhundert wird diese Stadt als im Ries gelegen genannt⁹). Im übrigen verweise ich auf die in Schmellers¹⁰) baeyrischem Wörterbuch angeführten Stellen, das Ries betreffend. Die Hauptstadt des Rieses ist Nördlingen. Ein Diplom vom Jahre 898 (Cod. dipl. Ratisb.) nennt die curtis Nordilinga in pago Retiensi constitutam¹¹).

Schon in der Römerzeit war ein Strassennetz über das Ries gezogen und es sollen die jetzigen Strassen zu einem grossen Teil auf dem Grund alter Römerstrassen angelegt sein. Eine der wichtigsten war die Heerstrasse, welche von Aalen (Aquileja) kommend, bei Bopfingen (Opie) dem Knotenpunkt von fünf Römerstrassen, in das Ries eintritt, dann in östlichem Verlauf Maihingen (Septemiaci), Öttingen (Losodica), Markhof (Medianus) zwischen Harburg und Wemding berührend, das Ries wieder verlässt, um sich direct in östlicher Richtung nach Itzing (Iciniaco) zu ziehen. Das römische Hauptgrenzwerk, der Limes, dessen

⁶) Weng und Guth, Das Ries p. 11.
⁷) Cf. Mayer, Ortsnamen im Ries, p. 10. — Steichele, Das Bistum Augsburg. III. 555.
⁸) Cf. Zeuss, Die Deutschen und die Nachbarstämme, p. 229 ff. — L. Steub, Über die Urbewohner Rätiens, p. 20 ff. — Much, Die Südmark der Germanen, P. Bb. XVII.
⁹) Cf. Dr. A. Baemeister, Aleman. Wanderungen, I. 67. 126.
¹⁰) Cf. Schmeller, Bayer. Wb., II. 149.
¹¹) Cf Schmeller, Bayer. Wb. II. 149.

stellenweise sichtbare Überreste der Pfahlgraben oder die Teufelsmauer genannt werden, berührte das eigentliche Ries nicht. Der nördlich und nordwestlich vom Ries hinziehende rhätische Limes verlässt bei Regensburg die bis dahin die Grenzbedeckung bildende Donau und endet am Rhein bei Lorch. Diese Grenzmauer, welche viele Türme und Kastelle hatte, wird gegenwärtig von berufenen Fachleuten weiter aufgedeckt und es sind auch in der Nähe des Rieses (bei Wassertrüdingen) bedeutende Kastelle gefunden worden[12]).

Aus alledem können wir mit Sicherheit den Schluss ziehen, dass der Name Ries wirklich aus Raetien entsprungen ist. Er ist eine Erinnerung an die alten Raeter, die, mit den Etruskern verwandt, der rätisch-iberischen Völkerreihe angehörten.

Auf Grund der Lautgesetze dürfte der Wechsel von Raetia zu Ries sich auch sprachgeschichtlich sowohl auf romanischem wie auf deutschem Gebiet rechtfertigen lassen. Das ae in Raetia war zuletzt ein offener Vokal (ę). Die Diphthongierung von ę zu ie ist im Altfranzös. durch Analogie gesichert[13]). Man vergleiche z. B. lętu (laetum) — lié (im Altfranzösischen). Eine im Vulgärlateinischen vorauszusetzende Form Rętja ist nicht unmöglich. Intervokales tj ergibt mouilliertes z, woraus stimmhaftes z (geschrieben s) entsteht. Vgl. palatju (= palatium) > palais; pǫtjo (poteo) > puis; pęttja > piece; Latein. Raetia > Vulg. lat. Rętja > Ries; zz in der um das Jahr 1007 vorkommenden Form Riezzin könnte also auf assibiliertem tj beruhen[14]). Wahrscheinlicher ist aber der Name in deutschem Munde gestaltet worden; für den Vokal vergleiche man das latein. „Graecus" mit unserm deutschen „Grieche", für den Konsonanten etwa lat. strata mit d. Strasse. Professor Mayer macht darauf aufmerksam[15]), dass der Name Raetien jetzt gemeiniglich aus der keltischen Wurzel rait abgeleitet werde und Gebirgsgegend bedeute. Er scheint sich aber vor Inkonsequenz

---

[12]) Cf. Monninger, Das Ries p. 5.
[13]) Cf. Schwan, Gram des Altfranz. § 56, Anm. § 91. 2; § 251. — Braune ahd. Gram. § 36 c.
[14]) Cf. W. Franz, die lat. roman. Elemente i. Althd. p. 8. 39.
[15]) Cf. Mayer, Ortsnamen i. R. p. 11.

zu fürchten und fügt deshalb hinzu „wozu freilich die Terrainverhältnisse des jetzigen Rieses in einem starken Kontraste stehen". Wir können aber nicht umhin, ihn daran zu erinnern, dass er kurz vorher von der grossen rätisch-iberischen Völkerreihe, „welche vom Kanal und dem atlantischen Ozean bis an das Nilthal reichte", gesprochen hatte. Demnach wäre es also durchaus nicht inkonsequent, das Wort Ries von rait abzuleiten. Über die Grenzen des alten „Rhaetia" hier Erörterungen anzufügen, ist weder meine Aufgabe noch Absicht. Es genüge darauf hinzuweisen, dass das heutige Ries mit Bestimmtheit zu der früheren Provinz Raetia gehört haben muss. Dass der nunmehrige kleine District Ries hauptsächlich eine Ebene ist, während doch rait eine gebirgige Gegend bedeutet, kam bei der Namengebung der alten Provinz jedenfalls nicht in Betracht, da der Umfang des römischen Raetia doch ein zu grosser war — und ohne Zweifel streckenweise flaches Land enthielt — als dass ein solch kleiner Landstrich wie das Ries irgendwie von Wichtigkeit hätte sein können. Wie es kam, dass gerade dieser Landstrich den sprachlichen Denkmalrest bewahrte, wird wohl ein Rätsel bleiben.

Ob das Ries in früheren Zeiten ein See gewesen, wie man nach den geognostischen Wahrnehmungen[16]) behaupten will, mag dahingestellt bleiben. Jedenfalls aber haben wir kein Recht — wie Mayer will — Ries mit dem althochdeutschen hriot in Verbindung zu bringen. Den Namen Ries vom ahd. hriot, hrëod, riot, riet etc., mhd. riet[17]), welches Schilfrohr, Rietgras oder auch eine feuchte, mit solchem Gras bewachsene Gegend bedeutet, abzuleiten, ist eine sprachgeschichtliche Unmöglichkeit.

Die Gesammtbevölkerung des Rieses, den württembergischen und mittelfränkischen Anteil mit inbegriffen, beträgt nach der neuesten Zählung (1895) 36000 Einwohner, Protestanten, die überwiegen, Katholiken und Juden. Die Zahl der zum Ries gehörigen Städtchen und Dörfer beträgt ungefähr 90. Eine

---

[16]) Cf. Walther, top. Geographie von Bayern p. 320 ff. — Cf. Weng und Guth, Das Ries I. 5.
[17]) Cf. Schade, Althochdeutsches Wb. p. 424.

Aufzählung derselben in den einheimischen Formen hat G. Jakob gegeben[18]).

Die Rieser gehören zum schwäbischen Stamme, nach Geschichte, Dialekt und Eigenart ihres Wesens. Im Nordosten an Franken (Mittelfranken) stossend und mit seinen Bewohnern verkehrend, erscheinen sie aber einigermassen „angefränkelt". Der Franke charakterisiert sich durch eine grössere Fröhlichkeit, Leichtigkeit, unmittelbare Gewandtheit und durch eine gesellige Natur. Über den Rieser geht ein Hauch fränkischen Wesens. Wie schon erwähnt, hat das Ries — dem grössten Teile nach bayerisch — im Norden und Westen einen Strich für Württemberg abgegeben. Und es begreift sich, dass namentlich ein anderes eingerichtetes Gemeindeleben auf die Landbevölkerung hier nicht ganz ohne modifizierenden Einfluss ist. Näher darauf einzugehen liegt mir nicht ob, da die Dialektfrage von diesem Umstand nicht weiter berührt wird. Während die nordöstlichen Grenzdörfer ein fränkisches Gepräge haben, so finden sich im Südosten (zwischen Wemding und Harburg) einige katholische Orte, die früher zur Pfalz gerechnet wurden. Man spricht sogar davon dass die Leute „pfälzeln". Ich werde darauf zurückkommen, wenn ich den Dialekt besonders bespreche. Melchior Meyr[19]) hat in einem Aufsatz: „Zur Ethnographie des Rieses", eine eingehende Schilderung über das Leben, Thun und Treiben der gegenwärtigen Riesbewohner gegeben. Auch die den Riesern eigentümliche, von ihren Grenznachbarn sich unterscheidende Kleidung ist bei ihm besprochen.

## II. Die Literatur der Mundart.

Die mundartliche Dichtung im Ries ist im Vergleich mit der Grösse des Landstriches nicht unbedeutend. Dass die Rieser erst durch den Vorgang benachbarter Gegenden zur mundartlichen Dichtung aufgemuntert worden sein sollen, wie Aug.

---

[18]) Cf. G. Jakob, Allerloi p. 4 ff.
[19]) Bavaria II. 853 ff.

Holder[20]) wissen will, und zwar zu jener Stunde, als die niederdeutschen Brüder unter der Führung Klaus Groths in der Pflege der volkssprachlichen Dichtung ihrer engeren Heimat für die Erhaltung ihrer Stammheitlichkeit kämpften und so auch die mittel- und oberdeutschen Völkerschaften zu gleichem Thun begeisterten, ist mir fremd. Eine Anregung zur Pflege der Mundart ging in erster Linie ohne Zweifel von Melchior Meyr aus. Ihm folgten Wild, Kähn und Jakob. Um einen einheitlichen Überblick über das in der Rieser Mundart erschienene Material zu gewinnen, sei es mir gestattet, eine Aufzählung desselben mit den dazu nötigen Erläuterungen hier anzufügen.

a. Schmeller, Die Mundarten Bayerns[21]), München 1821 enthält folgende Stücke:
1) Brief eines Rieser Bauern an seinen Schwager,
2) Das zerstörte Luftschloss,
3) Der Kranke und der Arzt,
4) Stückle oder Schelmeliedle,
5) Kinderliedchen.

Von Nummer 5 findet sich ein Abdruck auch in Schmellers bayerischem Wörterbuch II. 624. Da es eine merkwürdige historische Erinnerung zum Gegenstand hat, wiederhole ich das auch heute noch oft von Kindern im Ries gesungene Liedchen:

„Bēd, biəblę, bēd,
Morogə kōmd dr schwēd,
Morogə kōmd dr Oxəsdearə,
Wurd des biəblę bēdə learə.

Die Vermutung Schmellers, dass ein Acker oder eine Wiese im Ries Schwedenacker oder Schwedenwiese vielleicht deshalb so genannt werde, weil dort begrabene Schweden liegen, kann ich nach dem, was mir die Leute im Ries erzählten, nur bestätigen. Auch brauchen wir nur an die Schlacht von Nördlingen (6. Sept. 1634) zu erinnern und wir finden es begreiflich, dass der Schwede dem Rieser bis auf den heutigen Tag unvergesslich ist. Obwohl man sich noch allerlei Spuk- und Schauergeschichten aus der Zeit des dreissigjährigen Krieges erzählt, so scheinen

---
[20]) Alemannia XXII. 265.
[21]) S. 544 ff.

doch die vielen noch im Volksmunde lebenden Liedchen und
Sprüche wenig an die schweren Kriegszeiten zu erinnern. Bei
meinen Wanderungen durch das heimatliche Ries ist es mir
nicht gelungen, geschichtliche Volkslieder zu hören. Die in dem
Anhang beigefügten und von mir während des Sommers 1895
gesammelten und bis jetzt noch ungedruckten Liedchen etc.
sind aus dem Munde alter Frauen und Männer, aber ohne geschichtlichen
Wert. Sie mögen daher auch nur als Sprachproben
der Mundart gelten.

b. Von Melchior Meyrs „Erzählungen aus dem Ries" ist
blos eine vorhanden, die in der Rieser Mundart geschrieben ist,
nämlich: „Ende gut, alles gut[22])". Aber auch von dieser Erzählung
ist zu bemerken, dass der Schriftsteller in den Gesprächen
die mehr oder minder gebildeten Landleute durch mehr
oder minder entschiedenen Dialekt charakterisiert. Trifft man
also in Meyrs Erzählungen Variationen, so wird der Dialektkundige
keine Nachlässigkeit oder Willkür, sondern vielmehr
das Bestreben erkennen, den Modifikationen zu folgen, die im
Leben selber vorkommen. Man vergesse aber nicht, dass der
im Umgange nicht gerade gewandte Rieser gegen höher gestellte,
gebildete Personen, die er nicht genau kennt, sich stets etwas
geschraubter und daher unnatürlicher ausdrückt als er sonst im
gewöhnlichen Leben zu thun pflegt. Dass dadurch der Urwüchsigkeit
und Natürlichkeit der Mundart ein etwas anderes
Gepräge gegeben wird, ist klar, aber für den Darsteller einer
lebenden Mundart ist die in der Sprache unnatürliche, erkünstelte
und ungewöhnliche, erzwungene Redeweise von keinem weiteren
Belang. Melchior Meyr war es in seiner Erzählung in erster
Linie auch nicht darum zu thun, eine genaue Darstellung der
Mundart als solcher zu geben, sondern hauptsächlich darum
dem Leser einen volkstümlichen Sprachschatz vor Augen zu
stellen. In seinen andern Erzählungen aus dem Ries sowohl
wie in dem oben erwähnten Werk: „Ende gut, alles gut", zeigt
Meyr eine seltene Kenntnis des Gemütslebens des Rieser Volkes
mit seinen Vorzügen und Härten, mit seinem guten Kern in oft
auch rauher Schale, seinem naturwüchsigen Humor, seiner un-

---

[22]) Cf. M. Meyr, Erzählungen aus dem Ries, 4. Auflage, Leipzig 1892

gezwungenen Heiterkeit und Frömmigkeit, aber auch mit seinem
hartköpfigen Festhalten an vorgefassten Meinungen und Ideen.
Dass Meyr nur in einer Geschichte den Dialekt gebrauchte,
hat seinen Grund darin, dass die Mundart ausserhalb des Rieses
nicht oder nur wenig verstanden wurde.

Melchior Meyr wurde am 28. Juni 1810 in dem Dorfe
Ehringen bei Nördlingen geboren. In München und Heidelberg
studierte er Philosophie und ging im Jahre 1840 nach Berlin,
wo er bis zum Jahre 1852 als Schriftsteller thätig war. In
diese Zeit fällt auch seine Freundschaft mit Rückert. Im
Jahre 1852 kehrte er nach München zurück. Am 22. April 1871
starb er[23]). Wenige Jahre nach seinem Tode errichtete ihm die
Stadt Nördlingen ein aus Erz gegossenes Monument vor dem
Reimlinger Thor.

c. „Gedichte in Rieser Mundart" von Johannes Kähn. Mit
einer Recension von Melchior Meyr. Dritte vermehrte Auflage.
Nördlingen 1894. In einem Anhang zu diesen Gedichten finden
sich noch: 1) Sprichwörter und Redensarten im Rieser Gewand.
2) Charakterzüge zu Johannes Kähns Lebensbild. In der Beilage zur Augsburger Abendzeitung, Sammler Nr. 24 1862 erschien von M. Meyr eine kurze Recension, in der er unter
andern sagt: „Wird Grübel von Goethe ein bewusster Nürnberger
Philister genannt, so darf man Kähn wohl einen bewussten
Rieser Bauern nennen, ein Dorfkind, das durch erlangte Bildung
nur um so offener geworden ist für das eigenartige Leben und
Denken des Landvolks und in seinen Gedichten nicht nur zeigt,
dass er's kennt, sondern er selber noch dazu gehört."

d. „Riaser G'wächs, ein Abschiedsgruss an das Ries". Von
Michael Karl Wild, Pfarrer. Nördlingen 1880. Aus Anlass
seines Abschiedes von den Riesern gab er eine Auswahl seiner
Gedichte unter dem obengenannten Titel heraus. Pfarrer Wild,
ein geborner Rieser, lebt als Geistlicher der Bartholomäuskirche
in Nürnberg.

e. „Allerloi". Gedichte in Rieser Mundart von G. Jakob.
Ein zweites Bändchen von Gedichten ist unter der Presse. Es

---

[23]) Cf. Melchior Meyr: Biographisches, Briefe und Gedichte. Von
M. v. Bothmer und Moriz Carrière, Leipzig 1874.

soll den Titel: „Aus'm Ries" tragen. „Allerloi" erschien in Nördlingen im Herbst 1893. G. Jakob, ebenfalls ein geborner Rieser und vielleicht der beste Kenner der Mundart, lebt als Inspektor in Nördlingen und veröffentlicht häufig in dem „Nördlinger Anzeigeblatt" Gedichte in Rieser Mundart. Seine Gedichte zeichnen sich vor allem durch den Reichtum und die Mannigfaltigkeit mundartlicher Ausdrücke aus.

Für einen Nicht-Rieser dürfte die in den soeben erwähnten Arbeiten dargestellte Schreibweise zum phonetischen Verständnis gerade nicht beitragen. Man vermisst vor allem ein einheitliches orthographisches System. Die Grundregel jeder Orthographie ist nach Adelung[24]) (II. 661), dass man jeden Laut, den man bei richtiger und deutlicher Aussprache hört, durch das ihm zukommende Zeichen bezeichnet. Aber wenn wir das Missverhältnis zwischen Laut und Schriftsystem bedenken, das in der Macht der historischen Überlieferung wurzelt, dann hält es nicht schwer einzusehen, dass bei den Schreibern der Rieser Mundart von Rechtschreiberegeln und phonetischen Principien nicht die Rede sein konnte. Sie hatten eben nicht für jeden Laut ein bestimmtes Zeichen, zuweilen Mangel, zuweilen Überfluss. Durch den Mangel freilich, der nicht jeden Lautunterschied zum Ausdruck kommen lässt, kann der Schreibende nicht bedrückt werden, wohl aber durch den Überfluss, der für den Laut verschiedene Zeichen bietet, denn er darf diese verschiedenen Zeichen nicht nach freier Wahl verwenden, sondern ist dabei einem festen Gebrauch unterworfen. Meyr, Wild, Kähn und Jakob waren dessen sich nicht bewusst. Daher auch bei ihnen kein einheitliches System der Schreibweise. Die von ihnen behandelte Mundart ist ein und dieselbe. Ihre von einander abweichende Schreibweise hat mit dem Dialekt der Grenznachbarn nichts zu thun, ist nicht auf Rechnung eines andern Dialekts zu bringen. Finden wir bei Wild eine Anzahl von Wörtern, die in ihrer Schreibweise manchesmal von der Kähns oder Jakobs abweichen, so hat das keinen phonetischen Grund. Die Ursache des Unterschieds haben wir ohne Zweifel darin zu suchen, dass der eine mehr als der andere sich an die moderne

---

[24]) W. Wilmanns, Die Orthographie p. 29.

Orthographie oder an die leichter und billiger zu druckende neuhochdeutsche Schriftsprache hielt. Für den Kenner der Rieser Mundart bleibt es sich ja schliesslich auch gleichgiltig, ob in der Schreibweise der betreffenden Dichter ein Unterschied gemacht wird zwischen ö, ä und e, äu und eu, ai und ae, oi und oe, oder zwischen b und p, d und t, k (ch) und g (ch), s und ss etc. Aber dagegen sollte man sich verwahren, wenn zum Beispiel *und* statt *ond* gedruckt wird. Der Rieser sagt nie *und*, sondern *ond*. Es ist daher mundartlich unrichtig *und* zu schreiben, wie wir es so häufig in Jakobs und Kähns Gedichten finden. Meyr und Wild schreiben ond. Ebenso unrichtig ist es, wind statt we<sup>n</sup>d oder wêd (= Wind) zu schreiben. Auf ähnliche unbedeutende orthographische Verschiedenheiten einzugehen ist nicht der Mühe wert, zumal, nachdem wir uns mit dem Umstand vertraut gemacht haben, dass es den Rieser Dichtern nicht um eine phonetische Darstellung zu thun war, sondern um Darstellung einer Mundart im dichterischen Gewand.

### III. Die Laute der Mundart.

Das Ries hat durchweg einen zum Schwäbischen gehörigen obwohl in vielem eigentümlichen Dialekt, dessen Alterierung an den Grenzen dem fränkischen Dialekt zuzuschreiben ist. Ist nämlich auch die Bevölkerung des Rieses ihrem Grundstock nach alemannisch oder schwäbisch, so dürfen wir doch nicht vergessen, dass fränkische Elemente seiner Zeit nicht unbedeutend hereinspielten. Eines der häufigsten Grundwörter in den Rieser Ortsnamen ist heim[25]), in sehr wechselnder Form: heim, heime, haim, hain, hein, ham, hen und hin (got. haims, ahd. heima, mhd. heim). Dieses „heim" in Ortsnamen ist seinem Ursprunge nach vorwiegend fränkisch. Das Eindringen der Franken in die südwestdeutschen Lande beginnt mit dem fünften Jahrhundert und wiederholt sich dann bis ins achte Jahrhundert. Als die Franken nach dem Sieg bei Zülpich 496 über ihre bisherigen

---

[25]) Cf. Mayor, Ortsnamen i. R. p. 7 ff.

Grenzen hinausfluteten, bildeten sich weit herum, auch rechts des Rheins, im heutigen Hessen, Baden, Württemberg und bis gegen Bayern her zahlreiche fränkische Kolonien. Im achten Jahrhundert unter Pipin und Karl dem Grossen folgten weitere fränkische Nachschube. So entstand in den neubesetzten Gebieten eine zweite Frankenheimat mit vielen neuen Heimen, die ausdrücklich als solche benannt wurden. Allmählich verpflanzte sich das Wort heim auch in nichtfränkische Gegenden. Im Ries betragen die Namen auf heim ungefähr 16 Prozent sämmtlicher Ortsnamen. Die Zahl der Namenbildungen mit hausen (haus), welches Suffix auch vorzugsweise eine fränkische Erscheinung ist, beträgt im Ries und seiner nächsten Umgebung etwa 5 Prozent der eigentlichen Ortsnamen. Die Grundform „weiler", die fast ausschliesslich alemannisch ist, ist im Ries ebenfalls vertreten. Ob dieses Suffix auf das mittellateinische villare [Gehöft] (wie Kluge u. A. wollen) zurückzuführen, ist mir etwas zweifelhaft. Weiler scheint mir eher der Sammelbegriff zu Weile zu sein und bedeutet als solcher der feste Sitz im Gegensatz zu den leichten Hütten und Lager der Nomaden, der Jäger und Hirten. Das ahd. und mhd. wilen [anhalten, sich aufhalten] legt es im Verein mit anord. hvila [Bett] — hvild [Ruhe] nahe, das Wort für „Ruhepunkt" zu nehmen.

Ein anderes Grundwort alemannischen Charakters ist „hof, hofen". Ortsnamen mit diesem Suffix finden sich im Ries nur sehr wenige, was man aber nicht dahin auslegen möchte, als müsste der Rieser auch weniger alemannisch sein. Die alemannische Namengebung tritt aber vor der fränkischen im Ries allerdings erheblich zurück. Aber dieser Umstand ändert an der Thatsache, dass der Rieser im Grunde schwäbisch ist und schwäbisch spricht, nichts. Dass er in seinem Wesen, besonders wenn er modern sein will, und auch in seiner Sprache an der Grenze etwas „angefränkelt" ist, wird damit nicht in Abrede gestellt.

Im Grossen und Ganzen ist die Mundart des Rieses ein Schwäbisch, das sich aber von dem Gemeinschwäbischen in vieler Beziehung auf eine eigentümliche Weise unterscheidet. Wegen der in der Mundart häufig vorkommenden Zischlaute

(d. i. š) rechnet A. Fricklinger[26]) das Ries zu Centralschwaben. Dem benachbarten Mittelfranken ist der grosse Umfang der Zischlaute fremd, aber erst da, wo von Grenzdialekt schon gar nicht mehr die Rede sein kann. Das wäre also hinter Ursheim und Polsingen, wo der fränkische Dialekt ein rein individuelles Gepräge hat.

Auf der Westseite des Rieses, an der württembergischen Grenze verschwinden die sonst ziemlich häufigen Doppelformen allmählich, ein Umstand, der auf Rechnung des in diesem Teil Württembergs rein gesprochenen Schwäbisch zu schreiben ist. Solche im Ries vorkommende Doppelformen sind: alę: ęle (= alle), welch letztere Form schon als „württembergeln" gilt. Neben Nearle hört man häufig Nearleng (= Nördlingen).

An der fränkischen Grenze — Öttingen—Laub — Kreuth etc. — südöstlich, macht sich, wie erwähnt, das Fränkische etwas geltend. Statt „hond" (3. p. pl. ind. pres. von haben) wird häufiger „habəd" gesagt. Doch ist das schwäbische Idiom hier nicht etwa ganz verdrängt. Der Einfluss des Fränkischen ist, wie ich mich wiederholt überzeugen konnte, nur ein geringer.

Noch weiter südöstlich von Öttingen nach Wemding, Huisheim, Gosheim etc. zu, sagt man statt: i woes häufiger: i woas, statt goes : goas etc. Aus diesem Grund wird den dortigen Bewohnern nachgesagt, dass sie „pfälzeln". Doch das sind Ausnahmen, die im Verlauf der Arbeit nicht weiter beachtet zu werden brauchen.

Gewisse Wörter gewissen Dörfern zuzuschreiben halte ich für unmöglich, nachdem ich mich mit dem Umstand vertraut gemacht habe, dass die im Ries vorkommenden Doppelformen keinen festen Sitz haben können und zwar aus einem auf der Stelle zu erörternden Grund. Schon Fricklinger (briefl. Mitteilung; vgl. auch: Beiträge zur Anthropologie) hat hervorgehoben, „dass in paritätischen Orten die Protestanten mehr den fränkischen, die Katholiken mehr den schwäbischen Dialekt haben". Diese Behauptung bedarf einiger Erörterung. Die Katholiken des Rieses sowohl als die Protestanten sprechen schwäbisch. Auf

---

[26]) Cf. Beiträge zur Anthropologie und Urgeschichte Bayerns von Ranke und Rüdinger. München 1883, Bd. VIII.

meinen Fusswanderungen traf ich allerdings in den über das ganze Ries zerstreuten paritätischen Orten Protestanten, die in wenigen Ausdrücken und Worten gewisse Vokale anders aussprachen als die Katholiken. Möglich, dass wir das dem fränkischen Einfluss zuzuschreiben haben, welchem der weniger conservativ angelegte Protestant mehr ausgesetzt zu sein scheint als der Katholik, der sich sogar in seiner äussern Erscheinung durch eine buntere Kleidung vom Protestanten unterscheidet. Ich erinnere mich noch aus meiner Schulzeit, dass protestantische Kinder das Wort „Seele" häufig sęl (auch sęl) aussprachen. Diese Laute ę (langes geschlossenes e) und ę̨ (offenes e) verteilen sich so, dass der geschlossene Laut den Grenzbewohnern Frankens eigen ist, während der offene Laut mehr im Süden und Westen des Rieses gehört wird. Seltsamer Weise findet sich auch noch eine dritte Form: sęal, die in katholischen Orten häufiger gehört wird als in protestantischen. Ebenso findet sich eine dreifache Form von Knecht: knęchd, knę̨chd, knęachd. Ausnahmsweise fand ich auch an der Grenze Frankens (mit vorwiegend protestantischer Bevölkerung) eine Verdunkelung des a Lautes. Die reinen a-Vokale sind sonst im Ries durchweg zu finden. Inwieweit dies der katholischen Bevölkerung zuzuschreiben ist, lässt sich nicht so leicht bestimmen. Dass in der Aussprache zwischen Protestanten und Katholiken ein wirklicher Unterschied vorhanden ist und auch in andern Teilen Schwabens beobachtet worden ist, wurde schon von Bopp[27]), Kauffmann[28]), Birlinger[29]), Frommann[30]), Weinhold[31]) u. a. betont.

Frickhingers Behauptung geht jedoch ohne Zweifel etwas zu weit, wenn sie ganz wörtlich gefasst werden soll. Ein solch ausgesprochener Unterschied, der den beiden Confessionen geradezu sprachliche Grenzen zieht, ist im Ries eigentlich nicht vorhanden. Es wird in den meisten Fällen kaum festgestellt werden können, ob man der Aussprache nach einen Katholiken

---

[27]) C. Bopp, Der Vokalismus des Schwäbischen p. 55.
[28]) Kauffmann, Geschichte d. schw. Ma. § 71, p. 61.
[29]) Alem. XI. 49.
[30]) D. Ma. II. 107.
[31]) Alem. Gram. § 88 p. 80.

oder Protestanten vor sich habe. Eine solche Erscheinung könnte man viel begreiflicher finden, wenn wir im Zeitalter der Reformation oder in dem des dreissigjährigen Krieges uns befänden. Dörfer, die protestantisch geworden, waren öfters gezwungen, katholische Priester als Geistliche anzunehmen. Katholische Dörfer hinwiederum wurden protestantisch. Beide Confessionen standen sich geschlossen gegenüber, auch im Ries[32]). Dass unter solchen Umständen, wie Predigerwechsel etc., die Kanzelsprache der Rieser und Schwaben, die bis zu einem gewissen Grad für die Gemeinden vorbildlich war, alteriert wurde, wird man begreiflich finden, wenn man bedenkt, dass die Prediger, die von verschiedenen Gegenden Deutschlands kamen und also ihre verschiedenen Dialekte mitbrachten, zu damaliger Zeit unduldsam auch auf dem Gebiet der Sprache waren. Ich verweise hier auf ein Kapitel der sprachgeschichtlichen Aufsätze von Kluge[33]).

Heutzutage wohnen Protestanten und Katholiken friedlich beisammen und sprechen die Mundart so, dass nur ein geborner Rieser im Stande ist, einen wirklichen Unterschied in der Aussprache beider zu erkennen.

## Der Vokalismus der Mundart im allgemeinen.

Was zunächst die Quantität der Rieser Vokale und deren Verhältnis zum Mittelhochdeutschen und Neuhochdeutschen betrifft, so muss daran erinnert werden, dass die Stellung eines Wortes im Satze beim Beurteilen der Vokalquantität stets von grosser Wichtigkeit ist. Der Accent hat in jeder Mundart mehr oder weniger einen nicht ausser Acht zu lassenden Einfluss auf die Vokale und nicht zum wenigsten auf deren Quantität. „Ich" lautet z. B. in der Rieser Mundart, wenn es mit Nachdruck gesprochen wird î (lang). Bei geringerer Betonung wird es zu i (kurz), bei der geringsten zu ĕ (kurz). Folgende Sätze mögen

---

[32]) Cf. Aufzeichnungen der Priorin Walpurgis Schefflerin über die Geschichte ihres Convents i. J. 1525, Kloster Maria Mai im Ries.
[33]) Cf. Von Luther bis Lessing p. 128 ff.

zur näheren Erklärung dienen: ĩ sols dŏ hãbe? — sol i's ǫ dǫɔ? — dês hab ę̃ dŏ. „Dir" lautet dir, wenn es den Accent hat; wenn nicht, so wird es zu dĕr oder dr.

Die Rieser Mundart hat im allgemeinen die Mittelhochdeutschen Vokale in der Weise verändert, dass sie die mittelhochdeutschen Kürzen gedehnt, die Längen verschoben oder diphthongiert hat. Das hat nun freilich die Rieser Mundart mit dem gemeinschwäbischen Dialekt gemein. Aber schon Bopp[31]) hat hervorgehoben, dass in der Dehnung der mhd. Kürzen das Schwäbische nicht überall auf gleicher Stufe steht.

In vielen Fällen kann natürlich die Quantität der Vokale nicht bestimmt werden, da, wie schon erwähnt, die Stellung eines Wortes im Satz in Betracht kommt.

### a) Dehnung der Vokale.

Dehnung alter Kürzen ist eine der Haupteigentümlichkeiten des Neuhochdeutschen im Vergleich zum Mittelhochdeutschen und zwar besonders in einsilbigen Wörtern und in zweisilbigen mit offener erster Silbe, hervorgerufen durch den Accent. An diesem Aufgeben der ursprünglichen Kürzen nimmt auch unsere Mundart, obgleich sie öfters jene auch bewahrt hat, reichlich Anteil und stimmt darin meistens mit dem Neuhochdeutschen überein, wenn auch der gedehnte Vokal bisweilen ein anderer ist. Unsere Mundart geht aber noch weiter, indem sie nämlich einen langen Vokal vor ‚liquida cum muta' hat, z. B. kãld, sãlds etc. Dehnung finden wir auch öfters als Ersatz für ausgefallene Konsonanten (z. B. hĩrɔ = Gehirn). Dass bei diesem Dehnungsverfahren das Sprachgefühl mit hereinspielt, dürfte einleuchten. In der Biegungslehre ist es von besonderer Wichtigkeit. Oft stehen sogar gedehnte und erhaltene Formen in ein und demselben Worte nebeneinander und helfen dann bisweilen in der Deklination Casus und Numerus leichter zu unterscheiden, wie: blãd, bledr etc.

---

[31]) Der Vokalismus des Schwäbischen § 8.

### b) Verkürzung der Vokale.

Kürzung alter Längen ist in der Mundart nicht ungewöhnlich und stimmt in vielen Fällen mit dem Neuhochdeutschen überein. Die Stellung eines Vokales vor Doppelkonsonanten und Konsonantenkombination oder in unbetonter Silbe verursacht Kürzung (nochbr, blodr etc.). Einzelne Fälle weisen Kürzung auf, ohne dass man einen genügenden Grund einsieht. Die Kürzung von mhd. langen Vokalen ist jedoch in der Mundart eine Ausnahmeerscheinung. Mittelhochdeutsche kurze Vokale bleiben gewöhnlich kurz auch in der Mundart, nämlich vor p, t, k und den aus diesen Tenues bei der hochdeutschen Lautverschiebung hervorgegangenen Spiranten ff, zz, hh (ch), also vor mhd. Fortes.

### c) Umlaut.

Die Mundart zeigt Fälle von Umlaut bei Stammvokalen, wo wir nach dem Gebrauch der neuhochdeutschen Schriftsprache ihn nicht erwarten sollten, in Substantiven und Adjectiven sowohl als in einer Reihe von Verben (erwədə : arbeiten). Umgekehrt finden wir im Neuhochdeutschen vielfach Umlaut, wo wir ihn in der Mundart nicht haben (bud, lubfə etc.). Eine besondere Erscheinung, die ich dem Einfluss der gemischten Bevölkerung von Katholiken und Protestanten zuschreibe, ist das Auftreten von Doppelformen, die ich durch das ganze Ries hindurch verfolgen konnte. Neben mondeng haben wir: mędę (= Montag) neben ale : ęle; nebon waschə : węschə. Die unumgelautete Form schreibe ich dem Einfluss des Fränkischen zu, der sich in diesem Fall allerdings nicht bloss auf die Grenzlinie beschränkt. Wild, Kähn und Jakob gebrauchen diese Formen nebeneinander in ihren Gedichten.

Triphthonge, Dreilauter, sind dem Rieser Dialekt nicht fremd (z. B. gloeə, druiə etc.). Die Mundart stimmt hier mit dem Gemeinschwäbischen überein.

### d) Weitere Beziehungen zu den Nachbardialekten.

Es folge hier eine Reihe lautlicher Übereinstimmungen mit dem fränkischen Dialekt, die ich kurzweg als fränkisch-bayerischen Einfluss bezeichne (sie sind z. T. dem Bayerischen und Fränkischen gegenüber dem Schwäbischen gemein).

1. Mhd. â (lang) > ǫ, ǭ wie in: hǫd = mhd. hât; nhd. hat; bǫr = mhd. bâre, nhd. bahre (ostschwäb. ao).
2. Mhd. î, iu > ae (d. i. ai) wie in: blaebe = mhd. belîben, nhd. bleiben; laed = mhd. liute, nhd. leute (schw. əi).
3. Mhd. û > ao, wie in haos = mhd. hûs, nhd. haus; aof : of = mhd. ûf, nhd. auf (schw. əu).
4. Einzelnes: mędle = mhd. meit (megetlîn), nhd. mädchen; dręgd (dręchd) = mhd. treit; nhd. trägt*).

Dem gegenüber ist hervorzuheben: Der mittelfränkische Dialekt hat für altes a kein reines helles a, während dies in der Rieser Mundart herrscht.

Die Vokale und Diphthonge mit Nasalierung geben hier zu keinen besonderen Bemerkungen Anlass, da sie mit dem Gemeinschwäbischen übereinstimmen, insofern nämlich als sämtliche reine Diphthonge und Vokale nasaliert vorkommen. Nur in Bezug auf die Qualität, ob offen oder geschlossen, und Quantität, ob kurz oder lang, ist ein bemerkenswerter Unterschied, der unsere Mundart als selbständig in seiner Eigenart erscheinen lässt. Ich komme darauf zurück, wenn ich die Vokale im einzelnen behandle.

Das Suffix *le* kennzeichnet die Rieser Mundart ganz besonders deutlich als eine schwäbische.

### Der Konsonantismus der Mundart im allgemeinen.

In Bezug auf den Konsonantismus, in dem die Rieser Mundart von andern schwäbischen Dialekten sich unterscheidet, indem sie teilweise fränkisch-bayerischen Einfluss (aber nur wenig) und teilweise (und zwar bedeutend) eine ihr eigentümliche Selbständigkeit zeigt, machte ich folgende Beobachtungen.

#### a) Geräuschlaute.

Unter den Geräuschlauten verdienen zuerst die Labiale einige Aufmerksamkeit.

---

*) Die in Klammern eingeschlossene Form (drecht) ist ausschliesslich an der fränkischen Grenze zu finden, während die andern Formen regelmässig im ganzen Ries auftreten.

b wechselt häufig mit w, eine Erscheinung, die nicht unwahrscheinlich auf Einfluss des fränkisch-bayerischen zurückzuführen ist. Sonderbar ist es, dass dieser Einfluss bis nach Augsburg hin sich erstrecken soll[35]). Häufig tritt für b im Inlaute w ein, wie in: lęwed, was ich für fränkisch halte, während lębəd schwäbisch ist. Vgl. orwede (= arbeiten) neben ęrbədə etc. b wird häufig abgestossen, doch nicht so oft wie im Gemeinschwäbischen. Unorganisches f (f für b) ist im Ries nicht gebräuchlich. Mhd. f(v) ist blos in Ausnahmsfällen durch pf verdrängt z. B. pflûdrə = mhd. vlôdern, vlûdern. Bei Worten mit anlautendem h, denen be praefigiert ist, verschmilzt durch Elision des e das b mit h zu pf z. B. pfiə god = behüt Gott, pfaldə = behalten, eine Erscheinung, die wir auf bayerischem Gebiet, in der Ostlech-Gegend häufig finden[36]). Dass zwischen b und p in der Aussprache kein Unterschied gemacht wird, ist kaum hervorzuheben. Die Mundart hat das gemein mit fast sämmtlichen oberdeutschen Mundarten.

Mit den Dentalen verhält es sich ähnlich. Zwischen d und t wird in der Ausprache kein Unterschied gemacht. Die Mundart erweicht das t zur Lenis. Unorganisches d ist häufig, z. B. mand (plur. von Mann). Selten wird d abgestossen.

Das Participium praet. von dem Verbum substantivum „sein" behält das s, im Unterschied von andern schwäb. Mundarten. Im Ries sagt man gwęsə oder gwęsd. Das allgemein schwäbische gweə oder gsae (die Diphthongierung von gesîn) ist der Mundart gänzlich unbekannt. In der Aussprache der Zischlaute s, sch unterscheidet sich der Dialekt vom gemeinschwäbischen nicht im geringsten.

Bei den Gutturalen ist hervorzuheben, dass die Mundart den althochdeutschen Anlaut kx, den die Schweizer z. T. zu einem einfachen x abschliffen[37]), nicht kennt. Der Rieser hat mit den Schwaben und Elsässern im Anlaut nur kh und k.

---

[35]) Cf. A. Birlinger, die Augsburger Mundart p. 17.
[36]) Schmeller, Die Ma. B. § 404, p. 82 und: Weinhold, bayr. Gram § 121, p. 124.
[37]) Cf. Rapp bei Frommann D. Ma. II. 102.

g zeigt manchesmal fränkische d. i. spirantische Aussprache
z. B. hertsoch : hertsôg = Herzog; sechd : sagd = sagt. Gewöhnlich jedoch wird g Verschlussfortis und infolge dessen wie
ein reiner Schlaglaut ausgesprochen.

ch ist palatal und guttural; ch am Ende einsilbiger Wörter
wird häufig abgestossen. Für h tritt zuweilen g ein z. B. i sîg
= ich sehe; i tsiəg = ich ziehe, eine Erscheinung, die ebenfalls in den Ostlechgegenden häufig angetroffen wird[38]). Das
am Ende und in der Mitte stehende h wird häufig nicht ausgesprochen.

### b) Sonorlaute.

Über die Halbvokale habe ich wenig zu sagen, da sie nach
meiner Beobachtung im ganzen mit den gemeinschwäbischen
Erscheinungen übereinstimmen. In Ausnahmefällen hat j am
Anfang des Wortes ein leichtes Reibungsgeräusch z. B. juksə
= jauchzen (mhd. jûchezen); jidə = Jüdin.

Die Liquiden l und r haben grossen Einfluss auf die Vokale, was in andern schwäbischen Mundarten nach meiner Beobachtung weniger der Fall zu sein scheint. Wahrscheinlich
ist die Mundart hier mehr oder weniger vom bayerischen beeinflusst. Das cerebrale l ist z. B. bayerisch weit stärker entwickelt als alemannisch[39]). Die Entwicklung eines Secundärvokales, des Svarabhakti, aus Liquiden vor andern Konsonanten
ist dem Rieser Dialekt nichts ungewöhnliches. Im Gemeinschwäbischen scheint Svarabhakti zu Seltenheiten zu gehören.
C. Bopp weiss von keinem einzigen Fall. Kauffmann und
Wagner erwähnen nur wenige Fälle. Unorganisches l ist im
Ries selten im Gegensatz zu Schwaben, wo es sehr häufig ist.
r wird in der Rieser Mundart nicht so vernachlässigt wie in
Oberschwaben[40]). Das Zäpfchen-r kennt man im Ries nicht.
Nach andern Teilen Schwabens, zum Beispiel nach Reutlingen
soll es nach Wagners[41]) Behauptung durch die vielen und langen
französischen Einquartierungen des siebenzehnten, achtzehnten
und neunzehnten Jahrhunderts eingeschleppt worden sein. Auch

---
[38]) Cf. Schmeller, Die Ma. B. § 492, p. 100.
[39]) Cf. Weinhold, bayer. Gram. § 158. Alem. Gr. 167. 194.
[40]) Cf. Sailers sämmtliche Schriften.
[41]) Cf. Prof. Wagner, Mundart von Reutlingen p. 170.

Trautmann⁴²) behauptet, dass das Zäpfchen-r aus Frankreich stamme. Ich kann dem nicht beistimmen. Wäre das sogenannte „grasseyer" der Pariser, bei denen das uvulare r allerdings nur Modesache ist, durch Einquartierung von Soldaten in die Gegend von Reutlingen gekommen, so sehe ich nicht ein, warum in andern Gegenden Schwabens, wo doch ebensoviele Einquartierungen von französischen Soldaten waren, das Zäpfchen-r keine Nachahmung fand. Die Behauptung Trautmanns, dass die Zäpfchen-r-laute hauptsächlich bei den Gebildeten und in den Städten heimisch sind, während die Zungen-r-laute hauptsächlich beim Volke und auf dem Lande heimisch sind, gipfelt darin, dass er sagt, diese Erscheinung sei nicht eine örtliche, sondern wesentlich eine gesellschaftliche. Dem muss ich allerdings entgegenhalten, dass ich in Schwaben das Zäpfchen-r hauptsächlich nur von Bauern gehört habe. Ich halte dasselbe ganz und gar für individuell.

Die Nasalen m, n und ng haben im Rieser Dialekt im grossen und ganzen keine Unterschiede vom gemeinschwäbischen aufzuweisen. m fungiert in der Regel als Konsonant, seltner sonantisch; n wird häufig abgestossen, dafür aber gewöhnlich der Vokal oder Diphthong nasal. Unhochdeutsches n in Substantiven ist häufig z. B. siəsne = Süssigkeit; giədne = Güte, Gütigkeit.

Ehe ich zur Behandlung der Laute im einzelnen und besonderen übergehe, möchte ich betonen, dass es mir bei der Darstellung der Rieser Mundart nicht um eine phonetische, sondern um eine geschichtliche Behandlung der Laute zu thun war. Die streng phonetische Darstellung, wenn sie den Forderungen der Gegenwart gerecht werden will, erfordert eine unverhältnismässige Vorarbeit mit Apparaten, wie sie mir nicht zur Verfügung standen. Für die geschichtliche Grammatik leistet die Phonetik ohnehin geringe Dienste. Für diese kommt die praktische Seite der Phonetik nur insoweit in Betracht, als es gilt, die Aussprache der lebenden Vertreter einer Sprach- oder Mundartengruppe festzustellen, deren Geschichte erforscht werden soll⁴³).

⁴²) Cf. M. Trautmann, Die Sprachlaute p. 205.
⁴³) Cf. Sievers, Grundz. der Phonetik p. 2.

Was die Schreibung der Laute in dieser Arbeit betrifft, so werden auf Grund der folgenden Tabelle die Lautübergänge der Rieser Mundart leicht verstanden werden. Ich wählte die in den Beiträgen von Paul und Braune[44]) zur Anwendung gekommene Schreibung, da sie weniger kompliziert, für den Druck billiger und für nicht streng gehaltene Darstellung der Phonetik genügend ist. Bei den unserer Mundart eigentümlichen Nasallauten folgte ich dem System Kauffmanns, da ich die in PBb. zur Anwendung gekommene Schreibung für meine Zwecke nicht ausreichend fand.

## Vokalsystem.

### Die Vokale im einzelnen:

1) â (Bell Sievers a²) bezeichnet das lange, sogenannte reine a, etwa gleich dem nhd. a in Vater, Saal etc.

2) a bezeichnet das kurze reine a, dem nhd. kurzen a in Sache, pachten etc. entsprechend.

3) ā̊ bezeichnet den langen Nasalvokal.

4) å bezeichnet den kurzen Nasalvokal.

5) ê̦, ȩ (Bell Sievers e²) bezeichnet den offenen Laut, der dem v. nhd. Aehre gleichkommt. ȩ ist kurz, ê̦ lang.

6) ȩ̂, ê, ȩ (Bell Sievers e¹) bezeichnet den geschlossenen e-Laut wie e im nhd. See, sehnen etc., ȩ ist kurz, ê̦ lang.

7) ē̂ bezeichnet den langen Nasalvokal.

8) ē bezeichnet den kurzen Nasalvokal; e, wenn nasal, ist gewöhnlich geschlossen, gleichviel ob kurz oder lang.

9) î (Bell Sievers i¹) bezeichnet den geschlossenen langen i Laut wie in: ihn sie.

10) i (Bell Sievers i²) bezeichnet den offenen kurzen i Laut wie in: Fisch.

11) ô (Bell Sievers o¹) bezeichnet den geschlossenen langen o Laut wie in: so.

12) o bezeichnet den geschlossenen kurzen o Laut.

13) ǫ (Bell Sievers o²) bezeichnet den offenen kurzen o Laut wie im nordd. Stock, voll.

---

[44]) Cf. Band XVII. 350 ff. Band XIX. 279 ff.

14) ǫ bezeichnet den offenen langen o Laut.
15) ð bezeichnet den langen Nasalvokal.
16) ð bezeichnet den kurzen Nasalvokal; o, wenn nasal, ist gewöhnlich geschlossen, gleichviel ob kurz oder lang.
17) û (Bell Sievers u [1]) bezeichnet das lange geschlossene u, wie es im nhd. du frz. sou gesprochen wird.
18) u (Bell Sievers u [2]) bezeichnet den kurzen, etwas offenen u Laut, wie im nhd. Mund.
19. ə (Bell Sievers ʌ) bezeichnet den Stimmgleitlaut. Er entspricht überwiegend geschwächten Vokalen der Nebensilben, in gewissen Fällen auslautendem Flexions-e.

Bei den Diphthongen muss aus praktischen Gründen von einer näheren Erklärung der graphischen Zeichen abgesehen werden. Es genüge darauf hinzuweisen, dass die meisten in der Schriftsprache auf i oder u ausgehenden Diphthonge in der Aussprache e, o als zweiten Komponenten bieten. ai (ei), au, eu (äu) oi werden also z. B. auch im Neuhochdeutschen[45]) als ae, ao, oe etc. etc. ausgesprochen, wobei natürlich im einzelnen noch vielfache Schattierungen in beiden Komponenten zu beobachten sind. Die Diphthongenreihe gestaltet sich in der Mundart folgendermassen:

1. Reine Diphthonge:
ae in raebə = reiben.
ao „ haos = haus.
ui „ brui = brauerei.
ǫe „ ei = ei.
ęa „ šdęar = stern.
uə „ fuəs == fuss.
ǫɔ „ lǫədr = leiter.
iə „ schiər = schier.
ęə „ nęər = mehr.

2. Nasalierte Diphthonge.
að̃ in hað̃d = heute.
að̃ „ hað̃nə = heulen.
ę̃ð̃ „ nę̃ð̃mə = niemand.
oð̃ „ noð̃ = nein.

---
[45]) Cf. Sievers, Grundz. d. Phon. § 389.

## Die Konsonanten im einzelnen:

Die Geräuschlaute und die Sonorlaute.

b ist die stimmlose lenis. Die unaspirierte fortis p ist im Ries nicht bekannt.

b' ist die media aspirata.

p' ist die aspirierte fortis.

f ist lenis wie fortis, stimmlos und stimmhaft. Die beiden f des mhd. (f, v) das aus germ. f und das aus germ. p entstandene hält die Mundart nicht auseinander.

pf ist die labiodentale Affricata, nhd. pf.

d ist die stimmlose lenis. Die unaspirierte fortis t gibt es in der Mundart nicht.

t' ist die fortis aspirata.

s ist stimmhaft und stimmlos.

ds ist die affricata (nhd. z).

š ist der palatale Zischlaut (nhd. sch).

dš, tš ist das nhd. tsch wie in zwitschern.

g ist die stimmlose lenis (palatal und guttural).

k ist die unaspirierte fortis, der in Bayern häufige Schlaglaut (Explosivlaut).

k' ist die aspirierte fortis (kh).

χ ist der palatale Spirant, den wir im Deutschen ich-Laut nennen (s. Sievers § 320). Er steht gewöhnlich nach hellen Vokalen.

x ist der gutturale (velare) Laut, ach-Laut genannt; er steht häufig nach dunkeln Vokalen (Sievers § 321).

h ist der Hauchlaut. Im Silbenanlaut bezeichne ich ihn mit h; bei Aspiraten mit '.

j und n bezeichnen die geräuschlosen Halbvokale.

j hat palatale Artikulation.

w hat bilabiale Artikulation.

l ist das supradentale, konsonantische l.

ḷ ist das sonantische l.

r ist das gerollte Zungenspitzen alveolare r, das konsonantisch ist.

ṛ ist das sonantische r.

m ist das bühnendeutsche konsonantische m.

m̦ ist das sonantische.
n ist das supradentale konsonantische n.
ņ ist das sonantische.
η (ng) ist der gutturale Nasal.

## IV. Geschichtliches über die Mundartvokale.

### 1. Die Vokale der Stammsilben.

**a.**

### § 1.

Mhd. kurzes a wird in vielen Fällen gedehnt. Die Ursache liegt in der Silbenbetonung, wie im nhd. Den meisten langen Vokalen des nhd. entspricht im mhd. Kürze. Vgl. Beiträge IX. 101 und Paul, mhd. Gram. § 18. Mhd. a > â in:
bâdə, mhd. baden, baden; mâdr, mhd. mardr, mader, Marder; fâdr, mhd. vater, Vater; dsârəx, mhd. zarge, Einfassung eines Kleides, Baumes oder Gefässes. S. Schmeller. II. 1149.

Anm. 1. In mâdr ist die Ursache der Dehnung im Ausfall des r zu suchen; zuweilen fällt r auch nach andern Vokalen aus und verursacht Länge.

Anm. 2. Das a in Fremdwörtern, gleichviel, ob kurz oder lang, hat denselben hellen reinen a-Laut wie das eben besprochene. Die Mundart schliesst sich hier den meisten süddeutschen Dialekten an. Vgl. Schmeller B. Ma. p. 31 und 24 § 62; vgl. Learned, Penns. G. D. p. 24. Beispiele: bardû, frz. partout, in der Mundart gewöhnlich bloss als Kraftausdruck, Lückenbüsser etc. gebraucht, ohne eine besondere Bedeutung zu haben. bade, frz. badaux (?) bezeichnet gewöhnlich einen dummen täppischen Menschen, Tölpel. Desgleichen lale.

### § 2.

Mhd. kurzes a ist als a erhalten gewöhnlich vor Doppelkonsonanten, sehr häufig vor p, t, k und deren Spiranten ff, zz, hh, ch. Diese Regel tritt jedoch nicht mit absoluter Bestimmtheit auf, da der Accent und die Stellung eines Wortes im Satze die Qualität des Vokales zuweilen alteriert.

Mhd a = a in:

dads, mhd. tatze, Pfote, Tatze; fig. Schlag auf die offene Hand. falx, mhd. val, fahl, gelblichrot, gewöhnlich Kuhnamen. S. Schmeller I. 706. darbɔ, mhd. darben; gadr, mhd. gatter, gitter. narəd, mhd. narrëht, närrisch. šdabfļ, mhd. staffelstapfel, Staffel, gewöhnlich i. d. Ma. die ganze Treppe.

Anm. 1. In einem Fall wird mhd. kurzes a scheinbar durch uə ersetzt: uəksļ, mhd. ahsel, Achsel; vgl. aber mhd. uohse, Achselhöhle.

Anm. 2. Die Wörter râ, nâ entsprechen nhd. herab, hinab; im gemeinschwäb. auch rap, nap mit kurzem a. Vgl. Kauffmann, Geschichte der schwäb. Ma. § 58. In der Rieser Mundart ist b weggefallen. Der Verlust des Konsonanten verursachte Dehnung.

§ 3.

Mhd. kurzes a vor nd, mb, ng (η) wird ã.

Mhd. a > ã in:

hãndiərɔ, spätmhd. hautieren v. frz. hauter, hin und herziehen, in der Mundart hat es die Bedeutung: sich zum Zeitvertreib ein wenig beschäftigen. S. Kluge, p. 155. Schmeller I. 1126.

ãnd, mhd. ante, ant, Heimweh habend, überhaupt niedergeschlagen, traurig im Gemüt; ãmbļ, mhd. ampel, lambe, lat. ampulla, gewöhnlich das offene Licht, Lampe ohne Cylinder; grãmb, Krampe, s. Kluge; in d. Ma. bloss als Schimpfname gebraucht, bezeichnet einen kleinen eigensinnigen Menschen; wãmb, mhd. wambe, Wamme; in d. Ma. hat es auch die Bedeutung: dickleibiges faules Weib. Vgl. Schmeller II. 913. 914. gwãnd, mhd. gewande, Ackerlänge (gewöhnlich an einem Abhange), gwãnd, mhd. gewant, Kleidung, bes. Festgewand.

Anm. Der Infinitiv von mhd. gên, gan ist gãngɔ, im Unterschied vom gemeinschwäb. gað.

§ 4.

Mhd. kurzes a wird durch Ausfall von n zu einem langen Nasalvokal ã gedehnt.

Mhd. a > ã in:

fã, mhd. vane, Fahne, in der Mundart gewöhnlich: eine Person, welche Flitterstaat macht, oder: Hundeschwanz. bãk mhd. bank. dãle, Daniel, im Ries Schimpfname für Nördlinger Spiessbürger. ãle, mhd. ane, an, Grossvater; i. d. Ma. jedoch Grossmutter (ele ist Grossvater). mã, mhd. man; dsã, mhd. zan, zant (d).

Anm. Liquida stört die Kürze häufig. Die Dehnung von mhd. a zu ã vor l ist jedoch seltener als vor r, vor dem a nicht nasaliert auftritt. Vgl. Weinhold, alem. Gram. § 87. Zuweilen ist a gedehnt und nasaliert, auch wenn es nicht vor, sondern nach Nasalen steht z. B. nãs, mhd. nase; mãg = mag.

§ 5.

Mhd. langes â ist in der Mundart vereinzelt als reines helles â erhalten.

Mhd. â = â in:

âl, mhd. âl, Aal. gâb, mhd. gâbe, Gabe. mâd, mhd. mât, Mahd, das Gemähte. mâdr, mhd. mâdaere, Mähder. gnâd, mhd. genâde, rân s. § 8, Anm. 2.

Anm. In nur wenigen Fällen stimmt also die Mundart in Bezug auf Erhaltung des langen mhd. â mit dem nhd. überein.

§ 6.

Mhd. langes â wird gewöhnlich verdunkelt zu offenem langen ǫ, neben dem in gewissen Fällen â erhalten bleibt, so dass eine Reihe von Doppelformen vorhanden ist. Erhaltung von â ist selten. s. § 5.

Mhd. â > ǫ : a in:

bǫr, bâr, mhd. bâre, Totenbahre; glǫr, glâr, mhd., nhd. klâr, klar. mǫlǝ, mhd. malen. ǫbǝd, mhd. âbent, Abend.

Anm. Nach Kauffmann § 61 ist im gemeinschwäbischen in einsilbigen Wörtern von der Form mhd. â + n aõ mit Nasalierung eingetreten; so in laõ, mhd. lân, staõ, mhd. stân, gaõ, mhd. gân; taõ, mhd. getân. Im Ries sind diese Formen nicht bekannt. Hier sind die Entsprechungen: lǫsǝ, šdåndǝ, gångǝ, dŏ (dǫè).

§ 7.

Mhd. langes â wird verkürzt zu a oder zu offenem ǫ, meist durch folgende Doppelkonsonanz veranlasst. Vgl. Beiträge IX, 122.

Mhd. â > a, ǫ in:

lak, mhd. lâwec, müde, matt; häufig auch die Bedeutung abgestanden in Bezug auf Getränke (lau!). Vgl. Bayerns Ma. von Brenner und Hartmann, p. 51. Schmeller I. 1432. — waf, mhd. wâfen, Waffe. hǫd, mhd. hât, nhd. hat; S. p. Sing. Ind. Pres. hǫš, mhd. hâst; 2. p. Sing. I. P. glǫfdr̥, mhd. klâfter, Längen- und Geviertmass; brǫxd, mhd. brâhte, brachte; 3. p. S. I. Pret.

Anm. 1. Die Kürzung von mhd. â zu a tritt selten auf; häufig ist die weitere Verdunkelung zu geschlossenem ǫ̇, z. B. brǫ̇mbêr, mhd. brâmber, Brombeere.

Anm. 2. In einigen proklitisch gebrauchten Wörtern wird mhd. â zu ǫ verkürzt, in betonter Stellung blieb ǫ̇, so dass Doppelformen nebeneinander bestehen: jǫ : jǫ̇.

§ 8.

Mhd. langes â tritt endlich auf als geschlossenes und nasaliertes langes ǫ̇, wenn dem mhd. â ein n, m oder ng folgt.

Mhd. â > ǫ̇ in:

grǫ̇m, mhd. krâm, Kramware. mǫ̇nǝd, mhd. mânôd, Monat. sǫ̇mǝ, mhd. same, Samen. jǫ̇mr, mhd. jâmer, Jammer.

Anm. 1. In einer Ansiedelung von Deutsch-Russen in Seattle, Washington kam ich häufig mit Leuten aus der Kolonie Frank (nahe Saratow in Südrussland) in Berührung und bemerkte eine mit der Rieser Mundart gänzlich übereinstimmende Aussprache gewisser Vokale. Die Kontractionen der Verba: haben wir, stehen wir, lassen wir, gehen wir lauteten z. B. genau so wie bei den Riesern: nämlich hǫ̇mr, šdǫ̇mr, lǫ̇mr, gǫ̇mr.

Anm. 2. Das mhd. â in rân, rânec mit der Bedeutung schlank, schmächtig, die auch in der Mundart beibehalten ist, bleibt lang: râne. Vgl. Schmeller II. 102.

Anm. 3. Über den Umlaut von a siehe § 13.

e.
## § 9.

Im Mhd. treten uns zunächst zwei e-Laute entgegen, die für die Mundart wichtig sind. Durch den Umlaut trat nämlich dem alten ë-Laut, der teils idg. e, teils idg. i entsprach, ein neues e mit eigentümlicher Qualität zur Seite. In einem grossen Teil der deutschen Mundarten werden sie noch jetzt verschieden gesprochen. Vgl. Trautmann § 937. Wilmanns, D. Gram. § 197. In unserer Mundart gestaltet sich der Lautstand des e folgender Weise. Ich behandle zuerst die Entsprechungen des mhd. ë, das offen ist und auf idg. e, i zurückgeht. In der Mundart bezeichne ich das offene e mit ę.

Mhd. ë > ę in:

dęrb, mhd. dërp (b), nhd. grob, in der Mundart hat es auch die Bedeutung schwach. So wird z. B. im Dorfe Ebermergen, wenn von einem dęrbə kȇd oder dęrbə biable gesprochen wird, immer ein schwaches Kind darunter verstanden. Vielleicht lässt die Bedeutung dieses Wortes auf einen Zusammenhang mit mhd. dërben — verderben oder mit darben schliessen. Vgl. dazu Schmeller I. 535. — gęlob, mhd. gël, gelb. flękə, mhd. vlëcke, Dorf, Flecken. knęxd, mhd. knëht, Knecht, häufig Kosenamen für Kinder, Pferde etc. męlge, mhd. mëlken, melchen, melken.

Anm. An der Grenze von Württemberg werden die Wörter knęxd, ręxd etc. häufig auch knęad, ręaxd etc. ausgesprochen. Vgl. dazu Einleitung p. 14. Es ist die auch den Schwaben geläufige Brechung vor ch + t. Auch in der Oberpfalz haben wir diese Erscheinung.

## § 10.

Mhd. ë wird zu ea diphtongiert und zwar sehr häufig vor r + Konsonant, seltener vor l.

Mhd. ë > ea in:

feard, mhd. vërt etc., im vorigen Jahre, früher, šdear, mhd. stërne, Stern, gearə, mhd. gërne, weara, mhd. wërden, gedeihen, werden.

## § 11.

Mhd. ë erscheint oft als geschlossenes und dann gewöhnlich als kurzes e.

Mhd. ë > ę in:

ębə, mhd. ëtwa, ëteswā, etwa. ębr, mhd. ëtewër, jemand, irgend jemand. ębəs, mhd. ëtewaz, etwas; welə, mhd. wellen, wollen. welr, mhd. welch, welcher, was für einer haben schon mhd. e.

Anm. In manchen Teilen Schwabens wird e in ebə etc. auch offen ausgesprochen. Die drei Formen ębə, ębəs, ębr sind dem Bayr. u. Fränk. nicht unbekannt. Vgl. Schmeller I. 174. Eine beliebte Redensart ist: hǫdr dr ębə ębr ębəs dô? Auch im Pennsylvanisch-Deutschen Dialekt finden sich diese Wörter. Vgl. Learned. P. G. D.

§ 12.

Mhd. e, der sogenannte alte Umlaut, vgl. Wilmanns, D. Gram. § 192, tritt in unserer Mundart als kurzes oder langes, als offenes oder geschlossenes e, der junge Umlaut meist als ę auf. Dieser Umlaut (a > e) herrscht im Plural aller i-Stämme, im Plural der alten s-Stämme, in Adjectiven, die von Substantiven abgeleitet sind, in Substantiven, die von Adjectiven abgeleitet sind, in vielen Komparativen und Verben (Got.-jan).

Mhd. e > ę, ę in:

ębfl, mhd. sg. apfel, ahd. sg. apful, plur. epfili, Äpfel (i. Stamm) lęmr, mhd. lamp (b) sg. pl. lember, Lämmer. Vgl. Grimm I. 622. Paul, Beiträge IV. 412 ff. bęlg, mhd. pl. bęlge, Bälge (fig. böse, ungezogene Kinder). nęchd, mhd. pl. nehten, Nächte. flękse, mhd. subst. vlahs, adj. vlehsin. węsreŋ, mhd. adj. wezzeric ględr, mhd. glätter. ęrbədə, mhd. erbeiten, arbeiten. dęnkd, gedacht, part. p. neu zu denken gebildet. węltsə, mhd. welzen, wälzen, rollen, drehen. węrglə, mhd. walgern, welgern, sich wälzen, rollen, bewegen.

Anm. 1. Neben węrglə, welche Form lediglich fränkisch ist, vgl. Schmeller II. 904. 998., hört man im Ries häufig warglə mit derselben Bedeutung.

Anm. 2. Fast alle Dimin. auf le (mhd. lîn) haben den jüngeren Umlaut ę, z. B. nęgəle = Nagel, Nägelein (Blume: Nelke); węgəle = Wagen.

## § 13.

Mhd. ae (æ), der Umlaut aus langem â, vgl. Wilmanns § 205, ist im Ries in den meisten Fällen durch offenes ę, in selteneren Fällen durch geschlossenes ẹ vertreten. Gewöhnlich ist das ę lang.

Mhd. ae > ę̄ (ẹ̄) in:
šę̄fe, mhd. schaefîn, dumm, schafmässig; mę̄rle, mhd. maerelin, Märchen; hę̄s, mhd. haeze, Kleidung; sę̄leȵ, mhd. saelec, selig.

Anm. Über e (nhd. ö), i-Umlaut von o, älterem u, siehe § 40 unter Umlaut ö.

## § 14.

Mhd. langes ê, durch Kontraction aus germ. ai entstanden, im Auslaut und vor h, r, w — vgl. Weinhold, Alem. Gram. § 36 — ist in der Mundart durch offenes ę neben dem Diphtong ęa vertreten, ausnahmsweise als ẹ̄ erhalten.

Mhd. ę̄ > ę̄ : ęa in:
ę̄r : ęar, mhd. êre, nhd. Ehre. bek'ęarə, mhd. kêren, nhd. bekehren. glę̄rd : glęard, mhd. gelêrt, nhd. gelehrt. sęal : sę̄l : sẹ̄l, mhd. sêle, nhd. Seele (got. saiwala).

Anm. Auf die im Ries dreifach vorkommende Formen: sę̄l : sẹ̄l : sęal habe ich schon in der Einleitung hingewiesen. sę̄l ist die am wenigsten gebräuchliche Form. Im Nordschwäbischen ist das mhd. ê durch ę vertreten, im Ostschwäbischen durch ęə. Vgl. Kauffmann, § 72. A. 1.

## § 15.

Mhd. e, gleichviel ob geschlossen oder offen, ob kurz oder lang, wird in der Mundart, wenn vor Nasalen stehend, durch geschlossenes nasalirtes ẹ̄ vertreten. Dasselbe kann kurz oder lang sein.

Mhd. e > ẽ in:
hẽdšc, mhd. hentschuch, Handschuh. wẽnə, mhd. wênec, wenig. se šwẽnkə, mhd. swenken, schwenken, ma. Bedeutung: (wenn reflexiv) stolz auftreten.

Anm. 1. In den Vorsilben be, gə, vor h, l, m, n, r, s wird e gewöhnlich ausgestossen. S. § 59 ff. Bei Flexionen wird e apokopiert.

Anm. 2. In einem Fall ist mhd. e > o, bor, mhd. ber, Beere.

i.
## § 16.
Mhd. kurzes i, das indogerm. i entspricht, ist in einer grossen Anzahl von Wörtern erhalten. Die Mundart hat das gemein mit den bayer. und schwäb. Dialekten. Vgl. Braune, Ahd. Gram. § 31. Grimm Wb. IV. 2. 2005.
Mhd. i > i in:
šdigl, mhd. stigel, Vorrichtung zum Übersteigen eines Zaunes, einer Hecke. firwidsig, mhd. vürwitzec, fürwitzig. bidslə, mhd. ?, stechen, ein stechendes Gefühl haben, dann auch: schnitzeln, allerlei kleine Schnitzelarbeit machen. Vgl. Schmeller I. 315, 318. k'itslə, mhd. kitzelîn, Zicklein. Vgl. dazu k'itslə = Junge werfen.

## § 17.
Mhd. i wird gedehnt, wenn es vor r allein oder vor r + Konsonant steht. Es entspricht dann in den meisten Fällen nhd. ie.
Mhd. kurzes i > î in:
šbilə, mhd. spiln, spielen. mîr, mhd. mir. hîrə, mhd. hirne, Hirn.

## § 18.
Mhd. i, wenn vor Nasalen stehend, wird durch e vertreten. Es ist nasaliert und kann kurz oder lang sein. In Ausnahmefällen ist dieses nasalierte ẽ (< i + n, m, ng) sogar offen. Gewöhnlich ist es geschlossen.
Mhd. i > ẹ̃ : ẽ (ẹ̃) in:
bẹ̃ns, mhd. binz, Binse; dẹ̃ŋə, mhd. dingen; hẽ, mhd. hin; k'ẽd, mhd. kint. Vgl. Wild, p. 65. hẽml, mhd. himel, Himmel.

Anm. 1. In Ortsnamen wird die Endsilbe ebenfalls gewöhnlich nasaliert zu ẽ, z. B. in: Nearlẹ̃ŋə, Eadẹ̃ŋə (= Nördlingen, Öttingen).

Anm. 2. In einer Reihe von Wörtern wird mhd. i durch e ersetzt, auch wenn kein Nasal folgt, z. B. ẹ = ich, mę = mich, sę = sich, (sęmr = sind wir). Die Ursache dieser Schwächung von i zu e liegt in der Betonung. s. Einleitung.

Anm. 3. i Umlaut zu kurzem o, also Vertretung von mhd. ü, liegt vor in dem Präfix fir, z. B. firhaŋ, mhd. vürhanc, Vorhang; firheməd = nhd. Vorhemd; vireχd, Vorrecht; firšdad, Vorstadt.

Anm. 4. i verschwindet gänzlich in den Suffixen auf ig, z. B. tswantsg, draesg etc. Vgl. Schmeller B. Ma. p. 63. Mhd. Suffix ig wird sonst in der Mundart gewöhnlich durch kurzes e oder en in Adjectiven und Substantiven, lich durch le vertreten. Häufig wird ing in Ortsnamen zu e, z. B. in Hędļdc = Heroldingen. Die alte Femin.-Endung in (in) wird e, z. B. k'aesre = Kaiserin, šnaedre = Schneiderin. In k'emiχ, = nhd. Kamin, Schornstein ist die Erhaltung des i-Vokals in der Endsilbe eine Ausnahme. Neben dieser Form steht auch k'amę̂.

§ 19.

Mhd. langes î, das auf germanisches î zurückgeht (got. ei) und im ahd. unverändert geblieben ist, vgl. Braune Ahd. Gram. § 37, ist in der Mundart in einigen besonderen Fällen scheinbar erhalten.

Mhd. î > î in:

(mîl, mhd. mîle, ein Brettspiel?); drîb, mhd. trîp, Trieb; drîsbits, mhd. drîspiz, ein dreieckiger Schaufelhut.

§ 20.

Mhd. î ist der Regel nach durch ae vertreten wenn dem mhd. î kein Nasal folgt.

Mhd. î > ae in:

dsaedēŋ, mhd. zîtec, zeitig, reif; gaewidsə, wohl zu mhd. subst. gîbitze, gibiz, Kibitz, ein rundes, nestgrosses Loch in die Erde schneiden, Rasen ausstechen; vgl. Schmeller I. 868; daeksļ, mhd. dîhsel, Deichsel; waebrə, zu mhd. wîp, wie ein Weib, d. i. nicht mehr mädchenhaft aussehen.

§ 21.

Mhd. î wird nasaliertes aê. wenn vor Nasalen stehend.

Mhd. î > aê in:

graêna, mhd. grînen, greinen, leise klagen, vgl. Schmeller I 999; k'aêm, mhd. kîm, Keim; raêm, mhd. rîm, Reim; šwaêne, mhd. swînîn vom Schweine, schweinern.

### § 22.

Mhd. î wird durch iə vertreten in einer geringen Anzahl von Wörtern, die alle auch mhd. schon neben i ie zeigen. Es entspricht dem nhd. ie, eu.

Mhd. î > iə in:

šdriəmə, mhd. strîme und strieme, Strieme, Streifen; šdriəfig, mhd. strîfëht (verb. auch striemen), gestreift; šdiəg, mhd. stîge und stiege, Stiege; šiəbə, mhd. schîben, schieben (Kegel), an mhd. schieben, angelehnt.

Anm. In der Plur.-Form von šdriəmə wird mhd. î (ie) zu êə: šdrêəmə.

### § 23.

Mhd. î (dem nhd. ei vor n entsprechend) wird in einigen Fällen vor Nasalen zu oẹ.

Mhd. î > oê, oe in:

foêd, mhd. vînt, vient, Feind, Teufel; moêdhalb, mhd. meinenthalben, meinethalben.

### § 24.

Mhd. î wird zu ui.

Mhd. î > ui in:

fuirə (faerə), mhd. vîren, feiern, ausruhen; fuirǫbəd, mhd. vîrabent, Feierabend (Anlehnung an Feuer); huiri (haerə), mhd. hîraten, heiraten (î aus iu).

Anm. Die in Klammern gesetzten Formen werden häufiger im Osten des Rieses, im Nordosten gegen Hainsfarth und Öttingen zu gehört. Der Einfluss des Fränkischen verdrängt die ui-Formen (s. u. iu).

### § 25.

Mhd. î wurde anscheinend gekürzt.

Mhd. î > i in:

git. gibt; bilə, mhd. bîlen, bellen (wohl nach er bilt von bellen).

## O.

### § 26.

Mhd. kurzes o ist erhalten in vielen Wörtern vor Doppelkonsonanten als geschlossenes ọ.

Mhd. o > ọ in:

bọle, mhd. bolle, Knospe, ma. ein unhöflicher Mensch, engl. bull; dọrglə, mhd. torkeln, taumeln, hin und her schwanken, vgl. Schmeller I. 620; glọdsə, mhd. glotzen, stieren; họlds, mhd. holz, Wald (Holz).

Anm. holds wird häufig auch lang gesprochen und bedeutet dann gewöhnlich lignum.

### § 27.

Mhd. kurzes ȯ wird gedehnt in einsilbigen Wörtern, häufig auch vor Doppelkonsonanten; eine Erscheinung, die sich nur durch besondere Stammsilbenbetonung erklären lässt.

Mhd. o > ȯ in:

grȯl, mhd. grolle, Groll; k'ȯbf, mhd. kopf; lȯχ, mhd. loch; lȯsə, mhd. losen, horchen; ein „aoflȯser" ist ein „Horcher"; bȯdə, mhd. bodem, Boden: blȯg, mhd. bloch, Holzklotz, Block.

### § 28.

Mhd. o mit folgendem r oder r + Konsonant wird gewöhnlich zu oa diphthongiert, vgl. auch Weinhold, bayr. Gram. § 97.

Mhd. o > oa in:

doarə, mhd. dorn, Dorn; hoarə, mhd. horn, Horn; woard, mhd. wort, Wort; foardrə, mhd. vordern, fordern.

Anm. 1. In andern Teilen Schwabens, z. B. in Ostschwaben wird dieses o zu oə diphtongiert.

Anm. 2. In einer grossen Anzahl von Wörtern unterbleibt die Diphthongierung von o zu oa, ein Umstand, der auf das Betonungsgesetz zurückzuführen ist. Bei nicht betonten Wörtern tritt die Diphthongierung nämlich nicht so häufig auf. In Vorsilben bleibt o gewöhnlich unverändert.

### § 29.

Mhd. langes ô, das auf german. au zurückgeht, wo dieses vor d, t, z, s, n, r, h und im Auslaut (vgl. Paul, mhd. Gram.

§ 47) stand, ist in der Mundart teilweise als ȯ erhalten und zwar häufig in einsilbigen Wörtern.

Mhd. ô > ô in:

k'ȯl mhd. kȯl, Kohl, fig. Geschwätz; rô, mhd. rô, roh; drȯdḷ, (= mhd. trȯdel = Holzfasern im Hanfe, Werg?); Dehnung, Langweiligkeit; rȯsd, mhd. rost, Rost.

Anm. In der Partikel dǫ = da ist o offen. Vgl. Braune Ahd. Gram. § 38. Anm. 1. Ebenso das o in frǫ, mhd. vrô, vrouwe, Frau.

§ 30.

Mhd. langes ô erscheint in der Mundart häufig als oa; Fortbestehen des langen ô resp. seine Diphthongierung lässt sich an keine Regeln binden. Am häufigsten tritt oa allerdings vor r auf, wie kurzes o. s. § 28.

Mhd. ǫ > oa in:

blǫas, mhd. blôz, bloss; frǫa, mhd. frô, froh; mǫar, mhd. môr, Mohr; rǫad, mhd. rôt, rot; ǫašdr, mhd. ôster, Ostern.

Anm. In den Dorfnamen des Rieses, Flochberg, Klosterzimmern, Sorheim etc. findet ebenfalls Diphthongierung zu oa statt, nämlich: floachberg, gloašdrdsemr, soare. Über die Geschichte dieser Namen vgl. Mayer, Ortsnamen p. 57. 53. 35.

§ 31.

Mhd. ô, wenn vor einem Nasal stehend, wird zu ȯə diphthongiert. Das o ist geschlossen und der ganze Diphthong nasaliert.

Mhd. ô > ȯə in:

drȯə, mhd. trôn, Thron; šȯənə, mhd. schönen, schonen; lȯənə, inhd. lônen, bezahlen.

u.

§ 32.

Mhd. kurzes u ist in einer Reihe von Wörtern erhalten, und zwar häufig vor Doppelkonsonanten, gewöhnlich vor l + d, manchmal auch vor einfachen Konsonanten. Vor ck ist u häufig ungelautet.

Mhd. u > u in:

dud, mhd. tute, Euter, weibl. Brust; hurə, mhd. hurren, sich beeilen; kʻudrə, mhd. kuteren, gedämpftes Lachen, vgl. Schmeller I. 1313; hudsḷ, mhd. hutzel, getrocknete Birne, als Schimpfname bezeichnet es i. R. altes Weib; lubfə, mhd. lupfen, heben, lüpfen; mug, mhd. mucke, mugge, Mücke, Fliege, fig. Laune; dubfə, berühren, leicht betasten, vgl. Schmeller I. 615; wux : wox, mhd. woche : wuche, Woche.

Anm. Das Schwanken des u und o in wox, wux, neben welche drukə, drokə treten, verteilt sich auf das Rieser Gebiet so, dass die Formen mit u als schwäbisch bezeichnet werden können, während die Formen mit o fränkisch sind. Über druckə, mhd. trucken, trocken, s. Learned, Penns. G. D. p. 35. N. 2.

§ 33.

Mhd. u wird in der Mundart in einigen Ausnahmen durch i vertreten (d. h. umgelautet, i st. ü).

Mhd. u > i in:

wile, mhd. wullin, nhd. wollen, von Wolle gemacht; hildsə, hulzin, hölzern, von Holz.

§ 34.

Mhd. u wird häufig gedehnt vor r, f, selten vor sch (vgl. Weinhold, alem. Gram. § 85). — Dehnung des mhd. ü vor andern Konsonanten findet auch häufig statt, wenn die Wörter, die zweisilbig waren, einsilbig geworden sind.

Mhd. u > û in:

dûrə, mhd. turm, Turm; gûrd, mhd. gurt (gürtel), Gürtel; šûrds, mhd. schurz, Schurz; drûdšḷ, mhd. trutschel, dicke Weibsperson; bûdsəle, mhd. puzele, kleines Mädchen; glûf, mhd. glufe, Stecknadel (vgl. Ags. clufe); wûdslə (mhd.?) sich in verworrener Menge bewegen.

Anm. 1. Bei Adelung IV. 1619) bezeichnet wudeln wimmeln, in verworrener Menge sich bewegen. Im gegenwärtigen Nhd. scheint das Wort selten zu sein. Bei Goethe tritt es auf als wuseln; z. B. „Und wuselt emsig hin und her". Vgl. Goethe's Faust II. v. Löper p. 50. Akt I. Zeile 1234. Siehe auch: wuzeln, wuseln bei Schmeller II. 1064.

Anm. 2. Die umumgelauteten Opt. prät. Formen: wur, wurš, wurd, würde, haben kurzes u. Vgl. Kaufmann § 83. Anm. 2.

### § 35.

Mhd. u, wenn vor n, m, ng stehend wird nasaliert zu ǫ, das lang oder kurz sein kann, aber stets geschlossen ist.

Mhd. u > ǫ ọ̈ in:

ọndr, mhd. under, unter; gǫmbo, mhd. gumpe, tiefe Stelle im Wasser, auch Pferdeschwemme; drǫ̃m, mhd. drum, Trumm, Stück, verächtlich. Mensch; hǫ̂d, mhd. hund, Hund; ǫs, mhd. uns, uns : wir.

Anm. 1. Die Vorsilbe un wird in der Mundart zu ǫ̈ nasaliert, z. B. ǫ̈dsôgǝ = ungezogen, ǫ̈gesǝ = ohne gegessen zu haben; wahrscheinlich liegt lautliche Anlehnung an die Präposition „ohne" vor. Vgl. das mhd. ungâz.

Anm. 2. Die Endsilbe ung wird in der Mundart durch ǫ̨ǫ und ěǫ vertreten, z. B. handlǫ̨ǫ : handlěǫ (= Handlung, Handelshaus).

### § 36.

Mhd. langes û ist in wenigen Fällen in unserer Mundart erhalten. Vgl. Weinhold, alem. Gram. § 93.

Mhd. û > û in:

dû, mhd. dû (doch auch du), du; grûsǝ, mhd. grûsen. Grausen empfinden, schaudern. Vgl. Schmeller I. 1013. Kluge, Etym. Wb.

### § 37.

Mhd. û wird in einigen Fällen kurz u und zwar nur, wenn dasselbe vor ch oder ch + z steht.

Mhd. û > u in:

pfuksǝ, mhd. pfûchzen, pfauchen, zornig anfahren ; juksǝ, mhd. jûchezen, jauchzen, jodeln.

Anm. Analog dem pfuksǝ ist pfüsǝ, für das ich im mhd. keine entsprechende Form aufweisen kann. In der Mundart bezeichnet es: heulen ohne Aufhören. Beide Ausdrücke sind fränkisch. Vgl. Schmeller I. 423.

## § 38.

Mhd. û wird in der Mundart der Regel nach durch ao vertreten. Es entspricht dem nhd. au.

Mhd. û > ao in:

braoxə, mhd. brûchen, brauchen, häufig bezeichnet es: Arzneimittel gebrauchen, vgl. Schmeller I. 337: baoš, mhd. bûsch, Kissen zum Lastentragen, eine Art Unterlage (Bausch); haossuəxe, mhd. hûs-suoche, Hausdurchsuchung; haousə, nhd. hûsen, haushalten, wirtschaften; draoreɳ, mhd. trûrec, traurig; baor, mhd. bûre, Bauer.

## § 39.

Mhd. û, wenn vor Nasalen stehend, wird zu aô diphthongiert. Der entsprechende Laut im Nhd. ist au oder durch Umlaut äu. In dem Diphthong ist a etwas verdunkelt durch den Nasal, welcher jedoch dem Hauptdruck nach auf o liegt.

Mhd. û > aô in:

braô, mhd. brûn, braun; raômə, mhd. rûmen, räumen; pflaôm, mhd. pflûme, Pflaume.

Anm. 1. Den Diphthong aô hat die Mundart mit dem Gemeinschwäbischen gemein. In einzelnen Fällen weicht die R. Ma. ab, besonders bei nicht nasalierten Diphthongen, z. B. mhd. û in ûf wird ao oder o (kurz): aof: of, was fränkisch ist. Im Gemeinschwäbischen ist û in diesem Fall gekürzt zu u, z. B. uf. Vgl. Kauffmann § 82. 3.

Anm. 2. In Ortsnamen, wie in Reimlingen ist das ursprüngliche û, insofern es sich mit einiger Sicherheit auf û (Rumelingen im VIII. Jahrh.) zurückführen lässt, zu aë geworden, d. h. umgelautet. Vgl. Mayer, Ortsnamen i. R. p. 81.

ö : oe.

## § 40.

Was zunächst die Aussprache des ö betrifft, so wird mhd. ö in der Mundart aufgegeben und durch ę ersetzt. Das Ries schliesst sich hier dem grössten Teile Mittel- und Oberdeutschlands an. Vgl. Weinhold alem. Gram. § 81. § 84 und Schmeller B. Ma. § 525. p. 69.

Mhd. ö > ę in:

k'eχe, mhd. köchinne, Köchin; beglə, mhd. böcken, stinken wie ein Bock; glękle, mhd. glöckelin, Glöcklein; ręsle, mhd. rösselin, Rösslein.

§ 41.

Mhd. ö, wenn vor r + Konsonant stehend, ist durch offenes ę vertreten.

Mhd. ö > ę in:

dęrfle, mhd. dörfelin, Dörflein; hęrner, mhd. hörner, Hörner; k'ęrnle, mhd. körnlin, Körnlein; kęrble, mhd. körbelin, Körbchen.

Anm. Die Plur.-Form von Horn lautet auch häufig hoarə, also ohne Umlaut, mhd. diu horn.

§ 42.

Mhd. langes oe ist durch den Diphthong ea, in dem e geschlossen oder offen auftritt, vertreten.

Mhd. öe > ęa, ęa in:

greasne, mhd. groeze, Grösse; rearle, mhd. roere, mhd. Röhrchen; readne, mhd. roete, Röte; hearə, mhd. hoeren, hören; šęä, mhd. schoene, schön; lęä, mhd. loene, Löhne; šdęasl, mhd. stoezel, Stössel, Werkzeug zum stossen, auch Schimpfname für ungeschlachte Burschen.

§ 43.

ü.

Mhd. ü, wenn kurz, ist in der Mundart gewöhnlich durch kurzes i vertreten. Vgl. Weinhold mhd. Gram. § 73.

Mhd. ü > i in:

brig, mhd. brücke, Brücke; hibl, mhd. hübel, Hügel; lifdə, mhd. lüften, lüften, und in die Höhe heben; mirb, mhd. mürwe, mürbe, weich; šits, mhd. schütze, Jäger, Flurschütze; drigne, mhd. trückene, Trockenheit; lik, mhd. lücke (lucke), Lücke, Loch.

Anm. Neben den umgelauteten Formen brik, lifdə, lik bestehen auch die unumgelauteten: bruk, lufdə, luk etc. Siehe Einleitung.

§ 44.

Mhd. ü ist in vielen Fällen in der Mundart zu î gedehnt worden, am häufigsten vor r + Konsonant.

Mhd. ü > î in:

gríblə, mhd. grübelen, grübeln; śdirə, mhd. schüren, aufregen, Feuer anmachen, schüren; śibl, mhd. schübel (schubel), Büschel von Heu, Menge womit man eine Öffnung verstopft; kʻîrtsne, mhd. kürze, Kürze; fîdle, mhd. füdel, der Hintere, podex, dem. zu mhd. vut, cunnus.

Anm. Das ü in dem Ortsnamen Bühl wird in der Aussprache i. Ob der Name mit dem mhd. bühel = Hügel in Verbindung zusammen gebracht werden darf, ist zu bezweifeln. Wenigstens könnte auf die gegenwärtige Lage des Dorfes die Bedeutung Hügel nicht angewandt werden. Die Angabe Mayers (Ortsnamen p. 23): „Bühel bedeute Ort am Hügel" ist unrichtig, insofern als Bühl nicht am Berge, sondern in einer Ebene (in der Tiefebene) liegt.

§ 45.

Mhd. ü, wenn vor Nasalen, ergibt langes oder kurzes e, das immer geschlossen ist.

Mhd. ü > ẹ, ẻ in:

kʻênda, mhd. künden, den Dienst aufkündigen: kʻênen, mhd. künic, künec, König; fênfdl, mhd. vünf-teil, der fünfte Teil (fünftel); fênkle, mhd. vünkelîn, Fünklein; dênd, mhd. dünne, dünn.

Anm. In einigen Fällen ist mhd. ü vor n durch kurzes u vertreten, zuweilen durch o, z. B. fufdsg : fofdsg = mhd. vünf-zec, fünfzig; fufdsẹe = mhd. vünf-zëhen, fünfzehn (auch mhd. u neben ü).

§ 46.

iu = ȗ.

Mhd. iu als Umlaut von û (vgl. Braune ahd. Gr. § 42 Anm. 1 u. Weinhold. mhd. Gram. § 119) und von iu wird durch ae vertreten.

Mhd. iu (ȗ) > ae in:

śbraeds, mhd. spriuze, Stützbalken; graedle, mhd. kriutelin, Kräutlein; haesle, mhd. hiuselin, Häuschen.

Anm. Der offenbar in brîxd vorliegende Umlaut scheint nicht erklärt werden zu können. Er ist die opt. prät. Form und entspricht nhd. brauchte; z. B. des brîxd r̩ ned dǫ̈ə

= das brauchte er nicht zu thun. Nach Kauffmann, der diese Form ebenfalls für rätselhaft erklärt, ist brixd gemeinschwäbisch (vgl. Kauffmann § 88, Anm. 3). In der Rieser Mundart ist die Form häufig.

## Diphthonge.
### § 47.
### ei.

Mhd. ei, das auf got. ái zurückgeht, wird durch ae und oe, oft in ein und demselben Wort, vertreten. Der Diphthong ae ist schon als eine Annäherung an das Fränkische zu betrachten.
Mhd. ei > ae : oe in:
laeb : lǫeb, mhd. leip, Laib; waedsǝ : wǫedsǝ, mhd. weize, Weizen; daeg : dǫeg, mhd. teic, Teig; šwaes : šwǫes, mhd. sweiz, Schweiss: aegǝ̀ : ǫegǝ̀, mhd. eigen, eigen, eigentümlich.

Anm. 1. Als selbständige Form tritt zu šwaes und šwoes šwîds mit langem i (mhd. switz).

Anm. 2. Das a in dem Diphthong ae ist ein helles reines a, das gewöhnlich etwas länger ausgesprochen wird als das folgende e, das in der Aussprache zwischen geschlossenem ẹ und offenem ę ungefähr die Mitte hält. Ich habe deshalb den Laut nicht besonders bezeichnet. Das o in dem Diphthong oe ist offen. Mit dem e verhält es sich wie bei ae.

### § 48.

Mhd. ei, wenn vor Nasalen stehend, wird zum Nasalvokal oẽ, wobei auslautendes n häufig abgeworfen wird.
Mhd. ei > oẽ in:
bǫẽ, mhd. bein, Bein, Knochen; gẽr, mhd. ein, einer; hǫẽmǝd, mhd. heimuote, Heimat; gmǫẽ, mhd. gemeine, gemein.

Anm. Nicht alle nhd. Diphthonge ei werden zu ǫẽ. So wird z. B. ei in nhd. rein, mhd. reine nicht rǫẽ ausgesprochen, wie man erwarten sollte, sondern rä̃ẹ.

### § 49.

Mhd. ei wird in einer Reihe von Fällen mit folgendem e zum Triphthong mit Gleitlaut, besonders in flektierten Wörtern. In solchen Fällen ist ǫ offen.

Mhd. ei > oiə in:
ǫiər, mhd. eier, Eier; bǫiərland, mhd. beierland, Bayern,
-land; mǫiek'ęfr, mhd. meien — Maikäfer; rǫiə, mhd. reie, reige,
Tanz, Reigen.

§ 50.

Mhd. ei < age, ege wird in einigen Ausnahmen durch e
vertreten, und zwar einmal durch ein offenes ę, und zum andern
durch ein geschlossenes ẹ: ege ist hier durch eg zu ė geworden.
Mhd. ei > ę : ẹ in:
mędle, mhd. megetlîn, Mädchen; drẹgd, mhd. treit, treget,
trägt (3. p. sg. ind. pres.).

Anm. Das Wort mędle ist eher fränkisch als schwäbisch.
Vgl. Schmeller I. 1579.

§ 51.

iu.

Mhd. iu, der alte Diphthong, wird durch ae und ui vertreten.
Mhd. iu > ae : ui in:
blaeə : bluiə, mhd. bliuwen, schlagen, prügeln; ae : ui, mhd.
iu, euch: haer : huir, mhd. hiure, heuer; nae : nui, mhd. niuwe,
nhd. neu.

Anm. Der Diphthong ae, in welchem das alte iu und
das Umlaut-iu zusammenfallen, wird von sämmtlichen Riesern
gebraucht und gilt als fränkisch, während ui hauptsächlich
von den Grenzbewohnern Württembergs gehört wird.

§ 52.

ou.

Mhd. ou, das auf germ. au zurückgeht, wird in einer Reihe
von Fällen durch ao vertreten. Über die Geschichte dieses
Lautes vgl. Kauffmann § 94 und Weinhold, alem. Gram. § 96.
Während aber in andern Teilen Schwabens ou häufig durch ao
vertreten ist, gehört es im Ries zur Seltenheit.
Mhd. ou nur > ao in:
dsaobrə, mhd. zoubern, zaubern; raobə, mhd. rouben, rauben;
se śdaoə, mhd. refl. stouwen (stöuwen, stöun), sich stauen.

## § 53.

Mhd. ou ergibt in der Mundart gewöhnlich ao und o nebeneinander in ein und demselben Worte. Der einfache Laut o ist offen. In dem Diphthong jedoch ist o geschlossen, da a einen hellen Laut beibehält. Die Wörter mit ǫ sind eher ostschwäbisch, die mit ao mehr mittelschwäbisch. ǫ kann kurz oder lang sein. Mhd. ou > aǫ : ǫ in:

aǫg : ǫ̂g. mhd. ouge, Auge; laofə : lǫfʋ. mhd. loufen, laufen; fraǫ : frǫ̂, mhd. vrouwe, Frau; laofə : dǫ̂fə, mhd. toufen, taufen; šaoɔ : gšǫ̂bə, mhd. schouwen, schauen; raaxəd : rǫxe, mhd. rouchie, rauchig; rǫ̂xləx. mhd. rouck-loch, Kamin.

Anm. 1. In einem Fall tritt mhd. ou als ę auf, indem nämlich zu daofə und dǫ̂fə noch eine dritte, umgelautete Form: dęfə hinzutritt, die mhd. töufe entspricht, ahd. toufî.

Anm. 2. Ein interessantes Wort ist haòne mit der Bedeutung: langgezogene Schmerzenslaute ausstossen (von Menschen). In andern Teilen Schwabens (Centralschwaben) tritt haènə für weinen, heulen auf, wahrscheinlich mit mhd. hiuwelen, hiunen zu verbinden. Bayerisch hüenen (vgl. Schmeller I. 1120), mhd. hoenen stehen dem Rieser haonə lautlich und etymologisch ziemlich fern. Dagegen ist das schweizer hûnə, die unumgelautete Form zu hünən, mit haonə identisch. Die Stammform ist also hûn- und hûni- nicht houn-.

## § 54.

Mhd. ou, wenn vor n, m, ergibt nasaliertes und gewöhnlich langes ȭ (ŏ̃).

Mhd. ou > ȭ in:
bȭm, mhd. boum, Baum; drȭm. mhd. troum, Traum.

Anm. Doppelformen wie baòm : bȭm, draòm : drȭm sind nicht ungewöhnlich (s. § 53). Das nhd. reflex. sich bäumen, mhd. boumen ist in der Ma. gewöhnlich durch baême : baðmə vertreten. Unter bêmə, das ebenfalls mhd. boumen entspricht, wird in der Ma. das Aufziehen des Weberzettels oder das des Wiesbaumes (mhd. wis-boum) verstanden. S. § 55.

## § 55.
### öu.

Mhd. öu (öü), der Umlaut von ou (germ. au) wird in der Mundart auf verschiedene Weise vertreten. Nebeneinander hergehende Doppelformen sind häufig.

Mhd. öu > ẹ : ae in:
ẹgle : aegle, mhd. öugelin, Äugelein; frẹd : fraed, mhd. vröude, Freude; śdrẹə : śdraeə, mhd. ströuwen, streuen; hẹ : hae, mhd. höu, Heu.

Mhd. öu > ae : ǫ (d. h. der Umlaut fehlt auch) in:
k'aefr : kǫfr, mhd. köufer, Käufer; laefr : lǫfr, mhd. löufaere, Streuner, Herumläufer; raexrə (trans.) : rǫxə (intrans.), mhd. röuchen, nhd. räuchern, rauchen.

Mhd. öu > ǫ̈ə in:
drðə, mhd. dröuwen, drohen, dräuen.

Mhd. öu > ao in:
fɼdaoo⸝, mhd. döuwe, Verdauung.

Mhd. öu > ẹ in:
bẹm, mhd. böume, Bäume; tsẹm, mhd. söume, Zäume.

A n m. Unter lẹfl, mhd. löufel, wird in der Ma. nicht blos Stromer, Streuner, sondern auch das an Sylvester und Neujahr weggeschenkte, an Bettler verabreichte Brot verstanden.

## § 56.
### ie.

Mhd. ie, das teils auf ahd. ea, teils auf ahd. eo, das mit iu in Wechsel stand, zurückgeht, entspricht in der Mundart iə, ausnahmsweise î. (Über mhd. ie, ahd. iu, io, ia, ie s. Weinhold mhd. Gram. § 103.

Mhd. ie > iə, î in:
liəf, mhd. lief, liefe (prät. Conj.); śdiəs, mhd. stieze, stiesse (prät. Conj.); fiər, mhd. vier; fîbr : fiəbɼ, mhd. vieber, Fieber; tsiəgḷ, mhd. ziegel (lat. tegula), Ziegel; siə, mhd. sie; gniə, mhd. knie, Knie.

A n m. In einem Fall ist mhd. ie kurzes i in fiχd, mhd. vichte, Fichte; zweifelhaft ist, ob śmuələ liebkosen, mhd. smielen zu vergleichen ist, vgl. śmugeln schweiz. Ma. und schwäbisch.

## § 57.

Mhd. ie, wenn vor Nasalen stehend, wird zu nasaliertem ęə̃. Die Rieser Mundart hat das mit sämmtlichen schwäbischen Dialekten gemein.

Mhd. ie > ęə̃ in:
deə̃nə, mhd. dienen, nhd. dienen; dęə̃muad, mhd. diemüete. dêmuot, diemuot, Demut; k'ęə̃, mhd. kien, Kien.

Anm. In nienert, mhd. nirgends ist mhd. ie zu ęa geworden: nęardə, wohl wegen der vorangehenden Nasale.

## § 58.
### uo.

Mhd. uo, die Diphthongierung von germ. ô, ergibt uə neben ue, welch letzterer Diphthong jedoch sehr selten ist.

Mhd. uo > uə (ue) in:
guəd : gued, mhd. guot, gut; gruəs : grues, mhd. gruoz, Gruss; bruədl, mhd. bruot, Bruthenne.

Anm. 1. Das Rieser „bruədl" entspricht bayer. brüetel (brêidl) vgl. Schmeller I. 374. Nach Grimm II, 454 ist „Brutel" ein bebrütetes Ei. Nach Schmeller kommt brüetel nur im bayer. Wald vor. Ich habe jedoch dieses Wort auch oft in andern Teilen Schwabens gehört, z. B. südlich vom Ries. Vgl. auch Brenner & Hartmann, Ma. B. p. I. 73.

Anm. 2. Mhd. uo in zwuo (zwô) ist zu uə geworden. Der im nhd. aufgehobene Geschlechtsunterschied der Zahlwörter zwei besteht in der Mundart noch fort: tswęə = masc., tswuə = fem., tswǫe = neutr., häufig jedoch auch masc. und fem. vertretend.

## § 59.

Mhd. uo, wenn vor n, m, wird zu nasaliertem ǫə̃ (ô?).
Mhd. uo > ǫə̃ (ô) in:
blǫə̃m, mhd. bluome, blume; dǫə̃, mhd. tuon, thun; (f'r̥hônęglə, zu mhd. huohen? verhöhnen).

## § 60.

Mhd. uo ergibt in einigen seltenen Fällen langes û, geschlossenes kurzes ǫ.
Mhd. uo > û, ǫ in:

hûfaesẹ̄, mhd. huof-îsen, Hufeisen; gǫdədâg, mhd. guotentac, Guten Tag. Eine häufige Nebenform ist gǫndâg.

### § 61.

Mhd. üe, der Umlaut des uo, wird vertreten durch ie, ęə̀, î.

Mhd. üe > iə in der Regel, z. B.

k'iəbâra, mhd. küebarn, nhd. Futterkrippe für Kühe; wiədə, mhd. wüeten, wüten, streiten.

Mhd. üe > eə̀ vor Nasalen, z. B.

grę̀əne, mhd. grüene, Grünheit, grüne Farbe; reə̀mə, mhd. rüemen, rühmen; hęə̀lə, mhd. hüenel, Hühnlein; dęə̀no, mhd. tüend, sie thun.

Mhd. üe > î nach fränkischer Art in:

rîgə, mhd. rüegen, tadeln: fîgə, mhd. vüegen, fügen; k'îfr, mhd. küefer, Küfer.

Anm. Bisweilen ist der unumgelautete Diphthong uə erhalten in wuələ, mhd. wüelen, wühlen.

### 2. Die Vokale der Nebensilben.

#### a. Die Vorsilben.

### § 62.

**be** (ahd. bi).

Mhd. e in der Vorsilbe be verschwindet gewöhnlich vor s, sch, l, r, h:

bsufə, mhd. besoffen; bšaesə, mhd. beschizen, betrügen; bliəgə, mhd. beliegen, belügen; briχdə, mhd. berichten, benachrichtigen.

Anm. Vor Vokalen ist das e in Vorsilben häufig bewahrt, z. B. beęrd, beehrt. Doch herrscht auch da ein Schwanken. Mit Sicherheit lässt sich keine Regel feststellen, da es auf die Stellung eines Wortes im Satze, resp. auf die Betonung desselben ankommt. Ist die Vorsilbe betont, so bleibt e bewahrt, ist sie nicht betont, so wird e nicht erhalten.

**ge** (ahd. gi).

Mhd. e in der Vorsilbe ge verschwindet vor Vokalen und Konsonanten in:
1) Substantiven: gwêr, mhd. gewer, Gewehr; gwēml, mhd. gewimmel; glax, mhd. gelach, Gelächter.
2. Adjectiven: glēnk, mhd. gelenke, gewandt; glēarix, mhd. gelērnec, gelehrig.
3. Adverbien: glae, mhd. gelîch, gleich, eben; gmâx, mhd. gemach, langsam, gemächlich.
4. Infinitiven: gniəsə, mhd. geniezen, geniessen; glušdə, mhd. gelüsten — lusten, Gelüste haben.
5. Participien: gergrd, mhd. geergeret, geärgert; glǫfe, mhd. geloffen, gelaufen; glǫsə, mhd. gelâzen, gelassen.

Anm. 1. Über die Participialform geloffen vgl. Behaghel, Deutsche Spr. in Pauls Grdr. I. 596.

Anm. 2. Die Vorsilbe ge verschwindet oft gänzlich vor Verschlusslauten, z. B. bondə, gebunden; dęnkd, gedacht; dô, gethan etc.

Anm. 3. Auch in den dem Schriftdeutschen fremden Bildungen mit ge ist e gewöhnlich synkopiert z. B. gšǫ̀bə = schauen, sehen (mhd. geschouwen); gnę = Nähe, Nachbarschaft (mhd. genahe); gšę̀nd = Schinderei.

Anm. 4. In einigen Fällen ist e in solchen ge erhalten, z. B. geniəd == Not; geflân = Weinen. (Inf. ist flęno.) Vgl. Schmeller I, 792 und Kluge, etym. Wb. unter flennen, p. 111.

Anm. 5. In Substantiven, die mit Verben in loserem oder gar keinem Zusammenhang stehen, ist die Vorsilbe ge erhalten, z. B. gedânk(ə) = Gedanke; geduld = Geduld; gebirg = Gebirge etc.

## § 63.
### ent (ahd. int).

Mhd. e in der Vorsilbe ent, ahd. int, ist in der Mundart erhalten. engêgə, mhd. engęgen; enbę̂rə, mhd. enbęrn, entbehren.

Anm. 1. Bei Worten mit anlautendem f wird ent schon im mhd. zu emp, daher empfangen (zu fangen), empfinden (zu finden), ahd. int-fâhan, int-findan etc.

Anm. 2. In manchen Fällen ist die Vorsilbe ent durch ein anderes Präfix ersetzt, z. B. fr̩grǭdə = nhd. entbehren (mhd. entrâten). Vgl. nächsten Abschnitt.

## § 64.
### ver (ahd. fir, far).

Mhd. e in ver verschwindet. Dafür wird r jedoch sonant. fr̩saêmə, mhd. versiumen, versäumen, zögern; fr̩saofə, mhd. versoufen, ertränken.

## § 65.
### zer (ahd. zir, zar, zur).

Mhd. e in zer ist nicht erhalten. In den meisten Fällen tritt für zer fr̩ ein, z. B. fr̩lombd, zerlumpt; fr̩gnęlə, mhd. zerknüllen, prügeln; fr̩dręšc, mhd. zer-dreschen, nhd. durchhauen; tsr̩wiələ, mhd. zerwüelen, auseinanderwühlen; dagegen fr̩wiələ, durcheinanderwühlen.

## § 66.
### er (ahd. ir, ar, ur).

Mhd. e in er ist in einigen Fällen erhalten, in den meisten Fällen tritt für er — fr — ein.

ęrboəsə, mhd. erbôsen, schlecht, böse werden; fr̩gšǫbə, mhd. erschouwen, erschauen; fr̩šrękə, mhd. erschrecken; ęrlǫfə, mhd. erloufen, laufend einholen.

### b. Die Mittel- und Endsilben.

## § 67.

Die mhd. Vokale der Bildungssilben — ic (g) — ec — lich, — schaft — unc (g) — heit — lîn, — linc, — inc — isch (esch), — teil etc. bleiben zum Teil erhalten, zum Teil werden sie zu e geschwächt, häufig synkopiert, in gewissen Fällen auch durch andere Vokale (z. B. ə, o) ersetzt. Dass es unmöglich ist, für jede Bildungssilbe eine gewisse Regel in Bezug auf die Vokalquantität, resp. Vokalveränderung aufzustellen, dürfte einleuchten, da in jedem mehrsilbigen Worte eine Silbe sich durch ihre Betonung vor den anderen auszuzeichnen pflegt, d. h. mit andern Worten: es kommt ganz und gar auf den Accent an. Da derselbe in den meisten Fällen äusserst unregelmässig und willkürlich auftritt, so ist auf die der Betonung unterworfenen Nebensilben kein besonderes Gewicht zu legen.

a) Mhd. i in ic verschwindet am häufigsten in Zahlwörtern, z. B. fǫftsg, mhd. vünfzüc; sęχtsg, mhd. sëhzüc; in einem Adverb: weŋ = mhd. wênic, wenig. — In den meisten Adjectiven mit dem Suffix ig tritt eine andere Nachsilbe ein, z. B. eng; in vielen Fällen Schwächung zu e. Nach Weinhold, bayr. Gram. § 168 ist die Nasalierung des Suffix ig (ec) zu ěŋ (eng) vor nasalen Endungen besonders häufig in Bayern. Gar nicht selten gehen Doppelformen nebeneinander her, z. B. gnędeŋ: gnędę, mhd. genædec, gnädig; gaešdeŋ : gaešdę, mhd. geistec, geistig.

b) Mhd. i in dem Adj. suffix lich — lîch wird gewöhnlich durch kurzes ę vertreten, z. B. wǫedle, mhd. weidelîche, eilig, flink; fraelę, mhd. vrîlîche, freilich.

c) Mhd. a in schaft, sal und anderen Suffixen bleibt gewöhnlich erhalten, z. B. froêdšafd, mhd. vriuntschaft, Freundschaft; driəbsâl, mhd. trüebesal.

d) Mhd. a wird in wenigen Ausnahmen zu ę, neben dem jedoch häufig a besteht, z. B. lębde : lêbədâg, mhd. lêbe-tac; mǫde (mêde) : mondâg, mhd. mântac, Montag.

e) Mhd. u in — unc — lung etc. wird gewöhnlich zu ę̂ oder ǫ̂, z. B. hofnę̂ŋ : hofnǫ̂ŋ, mhd. hoffnunge; handlę̂ŋ : handlǫ̂ŋ, mhd. handelunge (eŋ natürlich aus der Nebenform -ing).

f) Mhd. î in lîn wird zu ę in allen Deminutiven, z. B. k'ęlble, mhd. kelbelîn, nhd. dem. zu Kalb. Im Plur. von Dem. wird lîn zu lə̂.

g) Mhd. i in andern Suffixen bietet keine besonderen Abweichungen. Es ist das gewöhnliche, dass i zu e wird. Bemerkenswert ist, dass die alte Endung der Abstrakte auf în als nə fortbesteht: siəsnə Süssigkeit, tsęnə Zähigkeit (Anlehnung an Bildungen auf -anî? s. Wilm. II § 200.)

Anm. 1. Wie schon erwähnt, fehlen der Mundart häufig Kompositions-, Ableitungs- und Flexionsvokale, die in der mhd. Periode noch vorhanden sind. Das Flexions-e der Endungen er, es, en, el etc. wird fast regelmässig synkopiert. In solchen Fällen, in denen nicht gleich die ganze

Endung verloren geht, wird r, l, n etc. sonantisch und einsilbige Wörter werden lang.

Anm. 2. Zusammensetzungen, die im Sprachbewusstsein als solche nicht mehr empfunden werden, zeigen oft in Folge mangelnder Betonung vielfach verkürzte Formen. Abweichend vom gemeinschwäbischen hat sich in unserer Mundart öfters der Vokal in den Ableitungssilben der alten Komposita erhalten, so z. B. in den Kompositen auf — feil — teil — voll — viel. Beispiele : wòlfǫel:wolfḷ, mhd. wolveil; foardǫel: foardḷ, mhd. vorteil; hȧdfôl:hȧdfḷ = mhd. handvol; wiǝfîl :, wiǝfḷ = mhd. wievil, nhd. wieviel; nǫxbr̥, mhd. nâchgibûr, Nachbar; jǫmbfr, mhd. juncvrou, Jungfer.

Anm. 3. Weitere Verkürzungen unbetonter Silben finden sich in alten Kompositen auf keit, zeit, heit, heim etc. wodurch natürlich auch ein Lautwechsel bedingt ist, z. B. hoaksǝd, mhd. Hochzeit; wôrǝd, mhd. wâr-heit. Fast sämtliche Ortsnamen mit dem Suffix heim verlieren dasselbe oder ersetzen es durch ein geschlossenes ẹ, z. B. oašdẹ = Ostheim, soarẹ = Sorheim etc.

Anm. 4. In Anm. 1 wurde auf das Verschwinden des Flexions-e aufmerksam gemacht. In einer Anzahl von Fällen treten Unregelmässigkeiten auf. In zweisilbigen auf en endenden Wörtern wird dies (durch ṇ?) zu ǝ; z. B. sâdǝ, mhd. schade, g. schaden, Schaden; bôdǝ, mhd. boden. In zweisilbigen Wörtern, die auf e enden, verschwindet e, z. B. bôd, mhd. bote, Bote; bẹas, mhd. boese, böse; fîχ, mhd. vihe, Vieh.

### c. En- und Prokliticae.

### § 68.

Infolge von en- oder proklitischer Unbetontheit liegen eine Reihe von Verkürzungen, bezw. eine Reihe von Lautveränderungen vor.

1. Neben mhd. zuo ze schon im mhd. In der Mundart tritt Verkürzung ein, z. B. tsǫbǝd, mhd. z'âbende. Folgt dem ze ein Wort mit anl. u, so wird e zu o, z. B. tsǫ ǫ̂s, mhd. ze uns; tsǫ ui, mhd. ze iu. Mhd. ei(n) wird ǝ (ǝn), z. B. ǝnȧndr̥, mhd.

einander; in einigen Fällen verschwindet die ganze Silbe ein, z. B. midnånd, mhd. mit einander. Mhd. în wird åe, z. B. äeinaχə, mhd. in-machen.

2. Andere Vokalabstossungen sind häufig bei den Adverbialkompositen wie: nà = hinab; naof = hinauf; rà = herab; raof = herauf; hęar = hieher; drǫndr = darunter; drę̄nə = darinnen etc.

3. Verkürzungen resp. Lautwechsel finden sich häufig bei den Pronominen, die je nachdem auf ihnen der Nachdruck ruht oder nicht, stark oder schwach accentuiert sein können, z. B. mîr — mɼ = mir; dîr — dɼ = dir; dû — d = du; (wandṇ = wann du ihn). Das unbestimmte Pronomen mə — ṃ = man.

### 3. Die Konsonanten.

#### a. Die Geräuschlaute.

##### 1. Labiale.

b, p, ph, f (v), pf (bf).

§ 69.

Die stimmlose lenis b ist in der Mundart vertreten im Anlaut, Inlaut und Auslaut; b entspricht mhd. b.

b < mhd. b.

1. Im Anlaute:

bošə, mhd. busch, bosch, Blumenstrauss; brǫ́grle, zu mhd. broger (Prahler), Gansliebling; brę̄χə, mhd. brǜchen; braedɪsl, Brautwagen mit dem Brautpaar beim Einzug, auch Bräutelwägele genannt; briəleāriχdə̄. Verdruss machen durch Angeberei; brṓdsla vgl. mhd. brodeln, tadelnd murren, um etwas herumreden. Vgl. Schmeller I. 378. blǫdrəhęs, Impfkleid (Blatterngewand); blędrə, mhd. bleteren, nhd. pflücken, entlauben; blęrə, mhd. blerren, plärren; brâdslə, mhd. brasteln, herunterprasseln, dicht herunterfallen. Vgl. Schmeller I. 366. bošdlə : bęšdlə, mhd. bōzəln, Dilettantenarbeit verrichten.

Anm. 1. In Mittelschwaben ist die umgelautete Form bešdlə die gewöhnliche Form, während im Ries bošdlə eben so häufig auftritt wie bešdlə. Vgl. Schmeller I. 410 und Brenner und Hartmann B. Ma. I. 55.
Anm. 2. Über die Vorsilbe be s. § 59.
2. Im Inlaute:
glǫ̊bə, mhd. gelouben, ğlauben; šębeŋ, mhd. schebie, abgetragen, schäbig; ǫbəd, mhd. âbent; fr̥lǫ̊bə, mhd. erlouben, erlauben; k'alb, mhd. kalbe, weibl. Kalb; grębəle, mhd. grebelin, kleiner Graben.
3. Im Auslaute:
lǫb, mhd. loup, Laub (auch Ortsnamen i. R.); k'âləb, mhd. kalp, Kalb; waeb, mhd. wîp, Weib; k'ęb, mhd. gehebe, knapp, enge.

§ 70.

Die unaspirierte fortis p, hervorgegangen aus älterem Doppellaut pp, bb, als Resultat der westgermanischen Gemination von b vor n, l, r, j (vgl. Beiträge XII. 504 ff.) ist in der Rieser Mundart nicht bekannt. b entspricht mhd. b, bb, p, pp. — b ist stets lenis.

b < mhd. p, bb, pp.
1. Im Anlaute:
balmdâg, mhd. palmetage, Palmsonntag; braes, mhd. pris, Preis; bręlâd (zu mhd. prelle?), Schreier. (Das Wort ist wahrscheinlich zusammengesetzt aus brelə = brüllen und lad = Mund.)
2. Im Inlaute:
dibl, mhd. tübel, tuppel, Dummkopf; dibl boarə = den Narren bohren. Vgl. Schmeller I. 529. aošdobə, mhd. stopfen, md. stoppen, ausstopfen; bubəle, Bett. Vgl. Schmeller I. 400, bobəle = Wickelkind. bǫ̊b, verhärteter Nasenschleim, vgl. Schmeller I. 400.
3. Im Auslaute:
doab, mhd. tâpe, nhd. Pfote, unförmige Hand; rib, mhd. rippe, rip, Schimpfname für Weiber; glǫmb, Gelump.

§ 71.

b entspricht mhd. w häufig nach l und r im Inlaute und Auslaute. Zwischen r, l + b entwickelt sich gewöhnlich ein Svarabhakti, wenn der vor r oder l stehende Vokal lang ist.

b < mhd. w:

fârəb, mhd. farwe, Farbe; gârəb, mhd. garwe, Garbe; gšǫbə, mhd. schouwen, schauen; šwâlǫb, mhd. swalwe, Schwalbe.

Anm. Schwalb, der Name eines Baches im Ries wird šwalm ausgesprochen. Über die Etymologie dieses Wortes s. Mayer, Ortsnamen i. R. p. 21.

### § 72.

b entspricht mhd. tw auf Grund von Assimilation.

b < mhd. tw:

ębəs, mhd. ët(e)waz, etwas; ębr, mhd. ët(e)wer, irgendwer, jemand.

Anm. Über die bei diesem Wort vorliegende Assimilation s. Learned, Penns. G. D. § 30 Note 2.

### § 73.

b entspricht mhd. f in einigen Ausnahmen.

b < mhd. f:

šlarbe, mhd. slarfe (sing.), nhd. Hausschuhe; šlorbə : šlarbə, mhd. slirfen, slerfen, langsam und schleppend einhergehen, vgl. Schmeller II. 533; šlorbr, nhd. alter Mann, der einen schleppenden Gang hat.

### § 74.

b entspricht stimmhaftem b und stimmlosem p in Fremdwörtern.

b < roman. b, p:

balmdåg, mhd. palmetae, Palmsonntag; baldaχę̊, mhd. baldekin, it. baldachino, frz. baldaquin; bošdûr, lat. positura, Stellung, Körperbau; bedišd = Pietist, Betbruder; babir, papier, lat.-gr. papyrum, Papier; bik, frz. pique, nhd. Zorn, Neid.

### § 75.

b wird abgestossen in Zeitwörtern, wenn vor s, st oder t stehend; in Adverbien und Verben, die das Präfix ab haben; b verschwindet in Substantiven. Häufig wird es auch assimiliert.

a) In Zeitwörtern:

gišd = 2. p. s. ind. p. gibst; gid = 3. p. s. ind. p. gibt; blaešd = 2. p. s. ind. p. bleibst; blaed = 3. p. s. ind. p., kʽęd p. p. gehabt; hond = 2. u. 3. p. pl. ind. p. mhd habend, habt, haben.

**Anm.** An der fränkischen Grenze wird b in obigen Fällen selten ausgestossen.

b) In Abverbien und Kompositen:
nå = hinab; nåšlågə = hinabfallen; rå = herab; rågšôbə = herabschauen.

c) In Substantiven:
buə, mhd. buobe, Bube, Knabe. **Anm.** In dem Demin. biəble ist b erhalten.

d) Assimilationen:
dr̥sęl = derselbe; hŏml̥, mhd. humbel, Hummel. **Anm.** Über die Assimilation von m mit b s. unter m § 110.

### § 76.

Die aspirierte Fortis p' (= ph) hat die Mundart gemein mit dem Schwäbischen. p' entspricht einem p in Fremdwörtern. Bei Wörtern mit anlautendem h, denen be präfigiert ist, verschmilzt durch Elision des e das b mit h zu ph (p') und weiter zu pf, bf.

p' < roman. p. und mhd. b, beh:
p'osâonə, mhd. busûnen, lat. bucina, Posaune; p'âg, ml. paccus, Gesindel; p'aldə, mhd. behalten; p'iədə, mhd. behüeten, be-hüten.

bf(pf) < mhd. p, beh:
bfaldə, mhd. behalten; bfiəgod = behüt dich Gott; bfękle = dem. zu Packet.

**Anm.** Die mit bf vorkommenden Formen können auch mit pf gesprochen werden; bei besonderem Nachdruck spricht der Rieser gewöhnlich p + f. Die gewöhnlichere Form ist bf. In den im Ries vorkommenden Doppelformen, bfaldə neben p'aldə etc. könnte bayr. Einfluss vorliegen. Vgl. Weinhold, bayr. Gram. § 121.

### § 77.

f entspricht mhd. f (v), ff im Anlaute, Inlaute und Auslaute.
f < mhd. f (v), ff.

1. Im Anlaute:
fasr̥nakəd (mhd. vaser), gänzlich nackt; fûsr, mhd. vaser, Faser; fedsəmędle, zu mhd. vëtze, starkes Mädchen; fędl =

liederliches Weib (wohl nicht von vetula, sondern zu fods = vulva); flaeə, mhd. vlaejen, vlacen, auswaschen, säubern.

b) Im Inlaute:

grůfə (mhd. geruefen), gerufen (p.p.); bôfl = abgelegene Ware, auch Geschwätz vgl. Schmeller I. 384; bęfdsgr, zu mhd. beffen, = schelten, nhd. 1. kurzes Gebell des Hundes, 2. der Hund, der gerne kläfft; baχôfə = dicke Frau; (dɼ baχôfə iš āęgfallə = die Frau ist niedergekommen).

c) Im Auslaute:

dęf, mhd. töufe, Taufe; ǫləf : ęlfə, mhd. eilf, eilif, elf; dswęləf, mhd. zwelf, zwęlif, zwölf.

Anm. Von den Doppelformen bsufə : bsofə (zuweilen gsufə) ist bsofə schwäbisch, bsufə bayrisch.

§ 78.

f entspricht f, v in Fremdwörtern.

f < roman. f, v:

furm, lat. forma, Anstand, Form; faegǝle, mhd. veiel, lat. viola, Veilchen; flęgļ, mhd. vlegel, lat. flagellum, Flegel.

§ 79.

f fällt weg in einigen Ausnahmen:

dęšd = 2. p. s. ind. pres. darfst (cf. mhd. dürfen).

§ 80.

bf, pf entspricht mhd. ph, pf, ff im Anlaute, Inlaute und Auslaute.

bf, pf < mhd. ph, pf, ff.

1. Im Anlaute:

bfuksǝ, mhd. phůchzen, pfauchen; bfurǝ, mhd. phurren, sich schnell bewegen, sausen; häufiger ist das Kompos. ȧbfurǝ = aufahren; bfrēam, mhd. phrieme, Pfriemen.

2. Im Inlaute:

dsobfə, zupfen, rupfen; šrebfə, mhd. schrępfen, schröpfen; bflombfə, mhd. pflumpfen, mit dumpfem Schalle fallen.

3. Im Auslaute:

šdôbf : šdrôbf, mhd. strumpf; gibf = länglich gebackenes Brot; dsibf = Zungenkrankheit der Hühner von der Roggenkleie.

Anm. Schmeller II, 1144 bezeichnet Zipf als eine Zungenkrankheit des Federviehes, welche gewöhnlich mit Verstopfung der Nase verbunden ist. Nach der Meinung der Landleute rührt die Krankheit von Überfütterung mit Roggenkleie her. Nach meiner Beobachtung tritt diese Krankheit häufig im Monat Mai auf; jedenfalls von übermässigem Genuss von Maikäfern. Nach Lexer III. 1131 ist Zipf eine Pflanze — punica. Ob die Krankheit der Hühner, die zuweilen von dieser Pflanze fressen, davon ihren Namen hat, wage ich nicht zu sagen. Eine andere Erklärung wäre, zipf mit Zipfel i. e. spitzes Ende, Zungenspitze zu identifizieren.

§ 81.

bf entspricht nur in einigen Ausnahmen mhd. f, v, eine Erscheinung, die in andern Teilen Schwabens sehr häufig ist. Vgl. Kauffmann § 148. 4 und Wagner § 60. 2.

bf < mhd. f, v:

bflęxd, mhd. vlehte, Flechtwerk; bflådrə : bflůdrə, mhd. vlôdern, vlůdern, flattern, fliegen.

## 2. Dentale.

d, t', з, ds (ts), š, dš, tš.

§ 82.

Die stimmlose lenis d entspricht mhd. d (aus þ) und t (aus d) im Anlaute, Inlaute und Auslaute.

d < mhd. d, t.

1. Im Anlaute:

dåsę, mhd. dæsic, stille, in sich gekehrt, vgl. Schmeller I. 545; dęə, mhd. döuwen, verdauend daliegen (v. Gänsen und Schafen); dadšə, mit Teig spielen, mit flacher Hand schlagen; dadšiχd = in die Breite gehend, vgl. Schmeller I. 555; dôsə, mhd. dôsen, sich still verhalten, kleinlaut sein, vgl. Schmeller I. 548; dengŗ̊sd, mhd. dennoch, vgl. Schmeller I. 513; dǫdle, mhd. totte, dote, Patin; durmə, mhd. türmeln, schlummern, vgl. turmel bei Schmeller I. 622; drišlåg = vierschrötiger Mensch, Raufbold; dick, mhd. dicke, schwanger; děng = verächtliche Bezeichnung für Mann; děnge für Frau, vgl. Schmeller I. 520. 1167;

duəl = Versenkung, Vertiefung (z. Thal); dorgla, mhd. torkeln, hin und her taumeln, vgl. Schmeller I. 620.

2. Im Inlaute:
drôdl, lange Dehnung, Langweiligkeit; drọed, mhd. getreide; nudḷdrukr = langsamer Mensch, vgl Schmeller I. 647; niəded, zu mhd. nieten, Sorgenkind, weil man sich damit „nieten" = nöten und plagen muss, vgl. Schmeller I. 1170 unter nieten; hûdlə = sich rasch fertig machen, schnell gehen; d eingeschoben in dirdwegen, deinetwegen.

3. Im Auslaute:
doad, mhd. tôt (d), Tod; bnad, mhd. beide; iwênd = eingezäuntes Besitztum; bšdekd = betrunken; sǫd, mhd. sat, das Saeen, die Aussaat; webršliyd (z. mhd. slihten), Brei aus Stärkemehl, der zum schlichten des Webezettels gebraucht wird, vgl. Schmeller II. 503.

§ 83.
d entspricht d, t und th in Fremdwörtern.
d < roman. d, t, th:
dûrə (dûrəm), mhd. turm, lat. turris; abədęak, mhd. apotêke; dišbədiərə, lat. disputare, disputieren; dišgeriərə, lat. discurrere, erörtern.

§ 84.
d entspricht dd und tt als Resultat der westgerm. Konsonantendehnung.
d < mhd. dd, tt:
gaelswęd, mhd. wette, Pferdeschwemme; bedšəd, mhd. bettestat, Bett, Schlafstätte; nodlə, mhd. notten, nhd. sich hin und her bewegen, rütteln; blud, mhd. blutt, blos, nackt.

§ 85.
d und t fällt weg, jedoch nicht so häufig wie im Gemeinschwäbischen (s. auch § 87).
1. In Substantiven:
afək'âd, Advokat; nęarle = Nördlingen.
2. Im Artikel:
'rəfrǫ = der Frau, dat. sing.; ŋišuəšdr = dem Schuster.
3. In Personalpronominen:
sikš = siehst du; họš = hast du; deš = darfst du.

§ 86.

Unorganisches d (t) findet sich häufig und zwar:
1. In Substantiven:
bu(r)šd, mhd. burse, Bursche, vgl. Kluge; månd plur., mhd.
pl. man, Männer; laeχd, mhd. lîch, nhd. Begräbnis; sęnd, mhd.
sin, Sinn.
2. In Verben:
aosheldrə, zu mhd. hüle, aushöhlen; fṛd- als Verbalpräfix
st. ver- oder ent-, so in fṛdlaeə, verleihen und entlehnen.
3. In Adjektiven und Adverbien:
dĕnd, mhd. dünne; drhoĕmd, mhd. dâheime, daheim; gęsdrd,
mhd. gëster, gestern; noχd, mhd. den-noch, so dann noch, jetzt
noch; deṛrsd, dennoch.

Anm. Nach Weinhold bayr. Gram. § 143 ist Antritt
eines unechten t im Bayr. häufig. Vgl. auch Schmeller.
Ma. B. § 680 ff.

§ 87.

Assimilationen finden statt in Verbindung mit lt, bt, ge + d, t.
(s. § 85).

sodę, mhd. solt ich, opt. sollte ich; wǫd(e)ŋ, mhd. welt in,
wollte ihn, vgl. dazu Weinhold, alem. Gram. § 379; k'ęd = gehabt p. p.; dô, mhd, getân; dribə, mhd. getriben.

Anm. Die Rieser Mundart bietet auf dem Gebiet der
Assimilationen keine besonderen Abweichungen vom Gemeinschwäbischen. Vgl. dazu Kauffmann § 150.

§ 88.

t' (= th) als fortis aspirata entspricht t und th in Fremdwörtern.
t' < t, th:
t'ędǫr = Theodor; t'idḷ, Titel.

Anm. In Verbindungen: Artikel + anlautendem h ist
die tenuis aspirata nicht selten, z. B. t'ędḷdèṛṛ = die Heroldinger, oder: t'orburgṛ = die Harburger. In ähnlichen Fällen
ist d' = dh jedoch ebenso häufig.

§ 89.

s.

⁀s von mittlerer Intensität (vgl. Kauffmann § 152) entspricht
mhd. s und z. Vgl. Weinhold alem. Gram. § 190.

s < mhd. s, z:

sęgəs, mhd. sügense, Sense: sǫ̂d, mhd. sât, das Saeen; sâgr. mhd. sager, Schwätzer; bręasələ, dim. zu mhd. brosem, Brosame; niəsə, mhd. niesen; braesle, mhd. brîse, Einfassung, Einschnürung an Kleidungsstücken; hoaksəd, mhd. hôchgezît, Hochzeit; ǫ̂s, mhd. uns, uns, wir; gå̂s, mhd. gans; ǫ̂s : âs, mhd. âs, Aas, schlechter Mensch; hęs, mhd. haeze, Kleidung; krębs, mhd. krëbez, Krebs; oês, mhd. einez, eins.

Anm. Nach l und n ist mhd. z in der Ma. gewöhnlich durch s vertreten. Ist eine Silbe aber besonders betont, so entsteht Affricata (ds, ts = nhd. z), z. B. lânds, mhd. lanze; šmeldsə, mhd. smelzen, nhd. schmelzen. Besonders häufig ist der Wechsel von s zu ds (ts = nhd. z) in Eigennamen, z. B. hands = Hans.

§ 90.

s entspricht mhd. zz im Inlaut, auch ss.

s < mhd. zz, ss:

węsrə, mhd. wezzern, bewässern; męsə, mhd. mëzzen, messen; k'isə, mhd. küssen; šbrǫs, mhd. sprozze, Leitersprosse.

§ 91.

Neues s erscheint in einigen Wörtern:

dsuigs, mhd. ziuc, Zeug; blêdsęlens, mhd. blintlîche, blindlings; sǒmsə, mhd. summen, summen, sausen.

Anm. s fällt weg vor s, š in einigen zusammengesetzten Wörtern, z. B. bemšdoê = Bimsstein; naošlâgə = hinausschlagen; fęlšd = superl. von falsch (s. Assimilation § 94).

§ 92.

š

š (= sch) entspricht mhd. sch (ahd. sc) und mhd. s, wenn dasselbe vor l, m, n, r, t, p, w steht.

š < mhd. sch, s:

šemlsęgrle, zu mhd. schemel, ein Schimpfname für Weber; šeləx = Nachen, vgl. Schmeller II. 405. 415; šur, mhd. schür, Schafschur; šidlaedə, zu mhd. schit, Passionsläuten; lęšə, mhd. leschen, löschen; flęš : flaš, mhd. vlasche; rêš, mhd. resche, spröde, trocken; šluəb (zu mhd. sluppern = schlürfen), Mund;

šmuələ, nhd. liebkosen, vgl. Schmeller II. 549; šmêdslə, mhd. smutzen, lächeln, schmunzeln, vgl. Schmeller II. 562; šnêglə (zu bayr. šnagln), zappeln, vgl. Schmeller II. 566; hęšnigl, Heuschrecke; hirš, mhd. hirse, Hirse; andrš, mhd. anders, häufig als Superlativ gebraucht; šdręlə, mhd. straelen, kämmen, vgl. Schmeller II. 813; šbagâd, von it. spagad, Bindfaden, Schmeller II. 659; šobļ, mhd. schapel, Kopfschmuck.

Anm. Ausnahmsweise entspricht mundartliches š einem sg, in nuišiər = Neugierde (wohl aus niuwesgir).

§ 93.

**ts.**

Die affricata ts, ds (= nhd. z) entspricht mhd. z, tz, zz, t, tw, zw, st im Anlaute, Inlaute und Auslaute.

ds ts) < mhd. z, tz, zz, t, st. tw, zw:

dsędlə, mhd. zettelen, den Zettel zu einem Gewebe aufziehen; dswilexk'idļ, mhd. Zwilich; hrędsg, mhd. brezel, Bretzel; brendslə, brenzeln, vgl. Kluge und Grimm Wb. II. 305; rôds, mhd. rotz; dswêrəg, mhd. twërc, Zwerg; hädswęl, mhd. twehele, Handtuch; gaeds, mhd. gît, Geiz; brâdslə, mhd. brasteln, prasseln.

Anm. Da die eigentliche fortis t in der Mundart nicht vorhanden ist, habe ich die Schreibung ts vermieden.

§ 94.

Assimilationen finden sich in Wörtern, die häufig zusammengesetzt sind mit der Präposition aus und in Wörtern, die im mhd. inlautend zz + s haben.

aošidə, mhd. ûz-schütten, ausschütten; frišd, mhd. frizzest, du frisst; fęlšd, nhd. superl. von falsch; raošbreɲə, nhd. herausspringen.

### 3. Gutturale.

g, k, k', χ, x, h.

§ 95.

Die stimmlose lenis g entspricht mhd. g im Anlaute, Inlaute und Auslaute.

g < mhd. g:

gaɲə (inf. und p. p.), gehen; gloex, mhd. geleich, Handgelenk; grilə, mhd. gréllen, grell aufschreien, einen pfeifenden Ton aus-

stossen; gęld. mhd. gelte (ahd. gellita). Milchgefäss: gębs : gęgs
= links, verkehrt, z. B. siə hod də rôk gębs ā = sie hat den
Rock verkehrt an: gäbš ist schwäbisch. gabiš ist bayr., vgl.
Schmeller I. 863; glękə, mhd. klecken. gelingen, erreichen; gnô,
mhd. genou. genau, geizig, nahe; godses = einzig. vgl. Schmeller I.
968; gǫglə, mhd. gogelen, auf dem Rücken tragen. vgl. Schmeller I.
885; goags = beide Hände voll. Herkunft des Wortes dunkel;
âg, mhd. agene. spitziger Abfall von Flachs. Hanf, Getreide
(Gerste), vgl. Schmeller I. 47; gsęg = Geschwätz, zu sagen,
cf. Gesage.

Anm. 1. Im Auslaut wird g in zusammengesetzten
Wörtern häufig zu γ₁ (= ng) oder verschwindet gänzlich,
z. B. sàmsdēγ₁ : sàmsdę = Samstag; lębdeγ₁ : lębdę = Lebtag;
gaedse : gaedseγ₁ = geizig. In einigen einfachen Wörtern
herrscht Schwanken: gmuəg oder gmuə.

Anm. 2. g in der Vorsilbe ge ist stimmlose lenis und
zwar in Wörtern ge + l, m. n, f, w, š, d. z. B. glǫsə = gelassen; gmoēd = gemeint; gnomə = genommen; gfäγə =
gefangen; gwǒnšə = gewünscht; gšlâge = geschlagen; geduld = Geduld.

Anm. 3. g im Inlaut verschwindet selten im Gegensatz
zum Gemeinschwäbischen. Vgl. Kauffmann § 154. A.

Anm. 4. Unorganisches g ist selten. exdsgə = ächzen;
bredsg = Bretzel.

§ 96.

Die unaspirierte fortis k entspricht mhd. ck (gemein-germ.
wie westgerm. Gemination) gg, ferner c (für k und g vor Verschlusslauten, für ck im Auslaut). endlich g, wenn dieses in der
Mundart vor Verschlusslaut trat. Vgl. Braune, ahd. Gram. § 140. ff.

k < mhd. kk, ck, c, g, gg im In- und Auslaut:

šekəd, mhd. schěkeht, scheckig; šnaklerae, unruhiges Benehmen, Schmeller II. 566; drękəd, zu mhd. dreckec, schmutzig;
sękḷ, mhd. seckel, Bauch; k'ęk, mhd. kěc, frech, vorlaut; rǫk(ə).
mhd. rogge, Roggen; gukuk, mhd. kuckuck, gue-gouch, Kuckuck;
sakd, mhd. sact, er sagt; gfrǫkd, mhd. gevräget; mârəkd, mhd.
market, Markt.

Anm. k entspricht auch in einigen Fällen mhd. anlautendem k, nämlich vor Konsonanten, z. B. krak' = Schimpfname; krôd, mhd. kröte; kruk', mhd. krücke; in bakə, mhd. bachen, ist wie hochd. ch durch k ersetzt; ibrkwęr, mhd. twerh und querh (s. aber § 98, A. 2).

§ 97.

k entspricht mhd. χ(h) vor s, z, mhd. ch, nhd. ck, mhd. h + t; mhd. ttw, tw.

k < nhd. h:
gwaksə, mhd. gewahsen; daeksĮ, mhd. dihsel, Deichsel; hoaksəd, mhd. hôchgezît, Hochzeit. In mikdę, mhd. mitt(e)woche, Mittwoch, ist kd durch Umstellung aus tch entstanden.

§ 98.

Die aspirata gutturalis k' (= kh) entspricht mhd. k (germ. k) vor Vokalen und mhd. ge + anlautendem h.

k' < nhd. k, ge + h:
k'ob, mhd. kappe, Kapaun, vgl. Schmeller I. 1271; ak'ǫsə, abwaschen, reinmachen, vielleicht mit schwäb. „k'osliχd" = (schmutzig) verwandt? vgl. Schmeller I. 1302; k'ûdr, mhd. kater, katere, nhd. Kater; k'âgə, nhd. Stengel vom Kohl, das Feste an Salatblättern etc., vgl. Schmeller I. 1231; kęb = enge, knapp, aus gehebe = fest; k'èmiχr = weisses Brod, weckartig, vgl. wohl zu ma. k'imich, Kümmel, obwohl gewöhnlich aber das so genannte Brot nicht mit Kümmel bestreut ist. (Nur in der Stadt Nördlingen wird jenes Weissbrot so genannt.) fŗk'irnə = sich verschlucken, etwas in die Luftröhre bringen; k'ǫarə, mhd. gehoeren; k'ilf, mhd. gehëlfe, Gehilfe; k'oêm, mhd. geheim, heimlich; k'ǫesə, mhd. geheizen, befehlen, nennen; k'aes, mhd. gehiuse, Gehäus, Gestell.

Anm. 1. In Fremdwörtern entspricht mundartliches k' einem c vor Vokalen, z. B. k'onšdadiərə, bestätigen; k'afê: k'afę, Kaffee.

Anm. 2. In einigen Ausnahmen entspricht ma. k' auch einem mhd. q, z. B. in k'wǫl, mhd. quâl, Qual; k'wid, mhd. quiten, Quitte. Vgl. Weinhold, aleman. Gram. § 218 und Braune, ahd. Gram. § 107. Anm. 2.

## § 99.

χ. der palatale Spirant und x, der gutturale Laut entsprechen mhd. ch, h, ahd. hh (gem. Spirant), germ. h, k. Im Anlaut ist ch nicht vorhanden, s. Braune, § 150.

χ, x < mhd. ch, h:

bęχr, mhd. bëcher; frlęχə, mhd. lëchen, vertrockenen; fruxd, mhd. vruht; fiχ, mhd. vihe, Vieh; fiχd, mhd. viehte, Fichte; ädręχdļ, mhd. antreche, Enterich; gsiχd, mhd. gesiht; siχd, mhd. siht, sieht.

Anm. 1. In einer Anzahl von Wörtern verschwindet auslautendes mhd. ch, z. B. in dî, mhd. dich; mî, mhd. mich; sę, mhd. sich etc. (ni kann = mhd. iuch und iu sein); vor allem in Adjectiven und Adverbien auf lich, lich, z. B. fraele = freilich.

Anm. 2. Mhd. h, nhd. ch vor s verschwindet nie, sondern wird zum Verschlusslaut, z. B. in daeksļ, mhd. dîhsel, Deichsel, s. ob. § 97. In den übrigen schwäbischen Mundarten schwindet h häufig.

Anm. 3. Unorganisches x erscheint wie in anderen Maa. in önšliəxd : ŝnslid, mhd. unslit, inslit, Unschlitt. Talg.

## § 100.

Der Hauchlaut h entspricht mhd. h (d. i. Spiritus asper und Spirant x) im Anlaut vor Vokalen, vgl. Weinhold alem. Gram. § 229 ff.

h < mhd. h:

halde, mhd. halde, bewaldeter Bergabhang, vgl. Schmeller I. 1073 (Rieshalde); hǫsə, mhd. hoss, schaukeln.

Anm. 1. Im Anlaut wird h nicht abgestossen, ausgenommen in einigen Ortsnamen und unbetonten Silben, vgl. Weinhold, bayr. Gram. § 191; h wird nicht im Inlaut nach Konsonanten gesprochen, z. B. in wǫ̂rəd = Wahrheit; kränkəd = Krankheit; gwǫ̂nəd = Gewohnheit; im Suffix heim der Ortsnamen, z. B. liəre = Lierheim; älrę = Alerheim; ošde = Ostheim.

Anm. 2. Intervokalisches h ist geschwunden: sęə̂, mhd. sëhen; laeə̂, mhd. lihen, leihen; maee = Maihingen.

Anm. 3. Auslautendes h, wenn nach einem Vokal stehend, ist gewöhnlich verschwunden, z. B. floa, mhd. vlôch, Floh; rea, mhd. rêch, Reh; hědše, mhd. handschuch, Handschuh. In floaxberg, älter Flohberg (Ortsname im Ries) ist h in der mhd. Bedeutung (ch) geblieben.

Anm. 4. Bei ziehen ist g nicht blos im praet. vorgedrungen, sondern auch in das praes.: dsiegə = ziehen; vgl. dazu Behaghel, Pauls Grundriss p. 597. 6.

Anm. 5. Unorganisches h ist vorhanden in einigen Fremdwörtern z. B. hulånr = Ulan; frandshôs = Franzose. In dem Ortsnamen herke ist h vielleicht unorganisch, da der Name im 13. Jahrh. als „ärcheim" ohne h vorkommt. Vgl. Mayer, Ortsnamen i. R. p. 40.

## b. Sonorlaute.

### 1. Halbvokale.

### j, w.

### § 101.

Halbvokalisches unsilbisch gebrauchtes j (i) entspricht mhd. j, im Anlaute und selten mhd. silbischem i.

j < mhd. j, i:
jåmr, mhd. jämer; jâgə, mhd. jagen; jub, mhd. juppe, Rock; juhû, mhd. jû, jûch, Interjektion der Freude; jêdr, mhd. iewěder, ieder, jeder; jeds, mhd. ieze, jetzt.

Anm. 1. In einigen Wörtern wird j wie stimmhafte Spirans ausgesprochen, eine Erscheinung, die in Thüringen und Sachsen häufig ist. Vgl. Sievers, Grdz. d. Phon. § 320. In Süddeutschland ist j als stimmhafte Spirans eine Seltenheit. Wagner, Ma. v. Reutlingen, § 52 weiss nur von einem Beispiel: jide = Jüdin. In der Rieser Ma. kommen noch hinzu: juksə, mhd. jûchezen, jauchzen; jǫngfṛ, Jungfrau; jôhānə = Johanna.

Anm. 2. In fremden Wörtern entspricht j im Inlaute j, z. B. k'ujõ, frz. coyon, cujon = Schimpfname; bajadsl, it. bajaccio = Hanswurst.

### § 102.

Vor palatalen Vokalen ist j in unbetonter Silbe öfters zu g geworden.

mędsgr, mhd. metzjaere, Metzger; ilgə, mhd. lilje, nhd. Lilie.

Anm. 1. Inlautendes j ist nicht stammhaft, sondern bildender beweglicher Konsonant in bayr. und schwäbischen Mundarten. j wechselt mit w, g, h. Vgl. Weinhold § 137. § 178. 192. (bayr. Gram.) und § 215. (alem. Gram.). Die Rieser Ma. hat das bildende j besonders fest gehalten in: sę dręjə, mhd. dræjen, tanzen; męjə, mhd. mæjen, mähen; nęjə, mhd. næjen, nähen; blijə, mhd. blüejen, blühen; blęjə, mhd. blæjen, blähen; flajə, mhd. vloejen, auswaschen, spülen.

Anm. 2. Auslautendes mhd. j ist stets zu i (e) vokalisiert.

### § 103.
### w.

w entspricht mhd. w im Anlaut. Dabei ist zu bemerken, dass w mit anlautendem hw zusammengefallen ist.

w < mhd. w (hw).

węar, mhd. wer; wêg, mhd. wëc, Weg; waešruobə = Rüben auf ein Feld gebaut, wo dasselbe Jahr Getreide gestanden (schwäb. waeš, Stoppelfeld), daher auch Stoppelrüben, vgl. Schmeller II. 1042: wilflê7ə, aus Wulvelingen, Ortsname im Ries, zu wolf, vgl. Mayer, Ortsnamen p. 68.

### § 104.

w ist häufig vertreten in den folgenden Konsonantenverbindungen kw (qu), schw (älter su), zw (älter tw).

kwęlə, mhd. quëllen, sprudeln; šwârds, mhd. swarz, schwarz; gšwêndnę. z. mhd. geswinde, Geschwindigkeit; gšwênk, mhd. geswenke (geswinde?), beweglich; dswǫę, mhd. zwei, neutr.

### §. 105.

w im Inlaut nach r, l entspricht häufig mhd. b, p, w:

ęrwəs: ęrbsə, mhd. erwiz, Erbsen; sęlwr̥: sęlbr̥, sëlber; arwɔdə : ęrbədə, mhd. erbeiten, arbeiten.

Anm. 1. Aus dem Tausch zwischen w und b erklärt sich auch der Wechsel zwischen w und m, dem Labionasal, der sich besonders für b + n häufig zeigt; mûrdsâ = wurzab, reinab, vgl. Schmeller II. 1015; šwalmšwands = Schwalbenschwanz; hǫmr == haben wir.

Anm. 2. Im Auslaut wird ableitendes w häufig zu b verhärtet: šwalb = Schwalbe; fārəb = Farbe. Inlautend bleibt w häufig erhalten.

Anm. 3. Ausfall von w zeigt sich in mikdę = Mittwoch (s. oben).

Anm. 4. Assimilation liegt vor in: awḷ, mhd. elliuwîle, alleweile = immer.

2. Liquidae.

l, ḷ, r, ṛ.

§ 106.

Konsonantisches l entspricht mhd. l im Anlaute, Inlaute und Auslaute, auch älterem hl vor Vokalen.

l < mhd. l, ll (älter auch hl):

lôdr, mhd. lodære, Lodenweber; lǫbə, mhd. louben (intr.), Laub suchen, sammeln; laod, ahd. hlût, frech, laut; lǫndsə, Excremente; lâd = Mund, auch Schublade; laê, mhd. aleine, nhd. obgleich, obschon, nur etc. (vgl. Schmeller I. 1476. „laê" i. R. hat aber nie die Bedeutung allein, ganz allein); go ge lae, als Ausruf, dessen Bedeutung vielleicht „Gott allein" entspricht; gôliəxd = Talg oder Unschlittlicht, s. Anm. 1.; haelônk = Schimpfname (schlechter Kerl); alę̂ (zu franz. aller?), Lockruf für Gänse, z. B. gus alę̂! lalę, zu mhd. lallen, Dummkopf, vgl. Schmeller I. 1469; hęl, mhd. haele, glatt, schlüpfrig, vgl. Schmeller I. 1074: ręl = aufgeschwollene, blutunterlaufene Stellen am menschlichen Körper, von Stock- oder Peitschenhieben herrührend (zu mhd. rellen?); wasr̥gâl = wolkenartige, Sturm oder Regen anzeigende farbige Erscheinung am Horizont, s. Anm. 1; šnal, mhd. snalle, Hure.

Anm. 1. „Gollicht" kommt auch vor in einem Artikel: Volkskundliches vom Thüringer Walde, aus der Wiedersbacher Chronik des Pfarrer Möbius, herausgegeben von F. Kunze, gedruckt in der Zeitschrift des Vereins für Volkskunde, VI. pp. 14—24. Auf Seite 17 ist die Anmerkung: Gôlicht = Talglicht (Reinwald 1. 52; Schleicher, Volkstüml.

aus Sonneberg S. 67; Schmeller I², 863; Schmid, Schwäb. Wörterb. S. 237; Vilmar, Hess. Idiotikon, S. 119.) erklärt sich wohl aus der im Schlesischen erhaltenen Form Goklicht, Gokellicht: Licht im Leuchter, womit man herumgokeln (hin und her laufen) kann". Ich kann dem nicht beistimmen. Ich sehe vielmehr in dem Wort gŏliəxd eine auf Goldlicht zurückzuführende Form, also eine Assimilation, wie sie häufig in Konsonantenverbindungen ld, lb, vorliegt. Die Bedeutung des Wortes gal in wasrgal, das auf „gelb" zurückzuführen sein wird, wird durch eine in Shakespeare's Rape of Lucrece, 1588 vorkommende Stelle besonders interessant, indem das in den folgenden Zeilen erwähnte englische Wort „watergall" nach Meinung und Form sich mit dem Rieser „wasrgal" deckt. Lucrece ist als schwarzgekleidete, trauernde Dame beschrieben:

„And round about her tear-distained eye
Blue circles stream'd, like rainbows in the sky:
These water-galls in her dim element
Foretell new storms to those already spent".

Anm. 2. In Konsonantenverbindungen wie bl, fl, gl, kl, pl, schl etc. unterscheidet sich l von dem oben erwähnten historischen l in keiner Weise.

Anm. 3. Infolge von Assimilation fällt l weg, z. B. sǫd, mhd. solte, sollte; wǫd, mhd. welt, nhd. wollte; wę̃nr = wollen wir; mŏd-węrfr: môdwǫrfr, mhd. moltwürf(e), nhd. Maulwurf, vgl. dazu Kluge, etym. W. p. 251.

Anm. 4. Abweichend vom hochdeutschen l findet sich l in' kniəglə, mhd. kniewen, knieen; nǫdlə, mhd. notten, unruhig sein, sich hin und her bewegen; bšdę̃ndlę = beständiglich.

Anm. 5. l für r findet sich in: krisdiərə, mhd. klistieren; balwiərə, mhd. barbieren, vgl. dazu Schmeller I. 1384 und Wagner p. 169. Weinhold, bayr. Gram. § 158. Braune, ahd. Gram. § 120 Anm. 1.

§ 107.

Sonantisches l, dem ein gewisser dumpfer Vokallaut zukommt, findet sich häufig am Wortende von Kontractionen und

und in Konsonantenverbindung, wie lb, lp, ln, lch, lk (e), wenn sich nicht durch besondere Betonung der betreffenden Silbe ein Svarabhakti zwischen l + Konsonant entwickelt.

wḙdḷ, mhd. wedel, Büschel von Reisern, Schwanz eines Tieres, vgl. Schmeller II. 847; hãdfḷ, Handvoll; sǫfḷ, so viel; šdiχḷ (Subst.), mhd. stichel, Spiess; šdãdḷ, mhd. stadel, Scheune, vgl. Kluge, etym. Wb. 357; hḙfḷ, mhd. hevel, mit Hefe durchsetzter Teig; halb : hâləb, mhd. hal(p); ǫlf : ęləf (ǫləf), mhd. eilf, eilif, elf; kʻęlwr̥ : kęləwr, mhd. kelber, Kälber; milx : mîləx, mhd. milch; fǫlk : fölək, mhd. volc.

Anm. 1. Sonantisches ḷ findet sich auch in einigen Koseformen zu Eigennamen: sufḷ = Sophie, kʻadḷ = Katharina, gręadḷ = Grethe, rikḷ = Ricke, Friderike, vgl. Schmeller II. 46.

Anm. 2. Im Inlaut entwickelt l grossen Einfluss auf den Stammvokal. Auf vorangehende Kürze wirkt es dehnend, eine Erscheinung, die die Rieser Mundart mit dem ostlechischen Dialekt gemein hat. Vgl. dazu Schmeller, Ma. B. § 542. Indem sich die Zunge bei der Erzeugung des l mit ihrem vorderen Teil anstemmt, verdumpft es zuweilen ein vorausgehendes i oder einen andern Vokal. In diesem Fall ist l cerebral, eine Erscheinung, die, wie ich in der Einleitung hervorhob, in bayrischen Mundarten viel häufiger auftritt als in alemannischen.

§ 108.

r.

Konsonantisches r, das stets als linquales r auftritt, entspricht mhd. r im Anlaute, im Inlaute und Auslaute, wo es auch für r steht.

riflə, mhd. rifelen, den Flachs durch die Riffel ziehen, durchhecheln, vgl. Schmeller II. 67; rḙfə, mhd. reffen, an den Haaren zausen, vgl. Schmeller II. 66; ruəχəd, zu mhd. ruoch, fleissig, habgierig; rànkə, mhd. ranc, Abhang (rànkərudšr̥ = Spottname für die Bewohner Heroldingens); riəd, mhd. riet, Sumpfgegend; riəbḷ, Schimpfwort, grober, roher Mensch, Schmeller II. 130; roar, mhd. ròr, laute Stimme (Röhre), besonders vom Gebell des Hundes; drękšare, mhd. -schar, schneidendes Eisen zum Abstreifen des Kotes, Scharreisen; šrànd, mhd. schranne, Schranne; šḙrə, mhd.

schörn, belästigen; šbęrę, mhd. sperre, Schloss, Riegel; šduir, mhd. stiur, Steuerruder; ârš (z. mhd. ars = arsch), auch stumpfes Ende vom Ei; wear, mhd. wêr, wer, welcher; wǫ̂r, mhd. wâr, wahr, aufrichtig; gšwęr, mhd. geswër, Geschwür.

## § 109.

In sonantischer Funktion findet sich ŗ wie folgt:

1. Im Auslaute von Substantiven:

šǫbŗ (pl. šebŗ), mhd. schober, Heu- oder Getreidehaufen, vgl. Schmeller II. 302; šęmləhubfŗ = Bezeichnung für einen mageren, dünnen Menschen; lôgŗ (z. mhd. louge) = hölzernes Geräte zum Bereiten der Lauge aus Holzasche; bǫdŗ (fem.) = die Perle; bodŗ (masc.) = Perlenschnur (aus pater noster).

2. Im Auslaute von Präpositionen und Adverbien:

hèndŗ, mhd. hinter; drǒndŗ, mhd. därunter; saedŗ, mhd. sithër, seither, auch als Kontraktion von: „seitdem er".

3. In Vorsilben ver, er, dar etc.:

fŗlǫ̂bə, mhd. erlouben; fŗbroedə, mhd. erbreiten, ausbreiten; dŗbae, mhd. dâr bî, dabei.

4. Pronomina pers., wenn vor Konsonanten stehend, haben häufig sonantisches r:

dǫišŗnâ, da ist er hinab; dŗ, mŗ, dir, mir (in Sätzen: î gidŗ = ich gebe dir, gi(b) mŗ, gieb mir); mŗ, wir, z. B. mŗlǒnd, wir lassen; ŗ = ihr, z. B. sk'ęardŗ, es gehört ihr; mŗ, man (selten); mŗ hǫd, man hat.

Anm. 1. Eigentümlich ist der Mundart ein gewisses Festhalten des r, während in Schwaben, besonders in Oberschwaben, r sehr vernachlässigt wird. r fällt aus in: wênds, Wörnitz, Fluss im Ries, vgl. Mayer, Ortsnamen i. R. p. 19; šdǒbf, doch auch schon mhd. stumpf, Strumpf; dęfə : dęrfə, dürfen; hedļdę = Heroldingen, Dorf i. Ries.

Anm. 2. Unorganisches r findet sich in: blêdsŗlę̀ns = blindlings, s. o.; k'iəbriəšdŗ, zu mhd. biest, erste Milch der Kuh nach dem Kalben.

Anm. 3. Zwischen r + Konsonant entwickelt sich häufig Svarabhakti (ə), z. B. bûrəg, mhd. burc; dǫ̂rəf, mhd. dorf; ârəg, mhd. arc, vgl. Schmeller, Ma. B. § 637.

Anm. 4. Das in- und auslautende r wirkt auf vorausgehende Vokale sehr verändernd:

1. r + Konsonant wirkt dehnend auf den vorhergehenden Vokal, z. B. wârəm, warm.

2. e vor auslautendem r wird gebrochen zu ea oder eə, z. B. ęar, mhd. êre; õšdęariš = unglücklich, v. Unstern verfolgt.

3. i vor r wird zu iə oder î, z. B. miər, dior, mhd. mîr, dir etc.

4. o vor r wird zu oa oder ô, z. B. ǫard, Ort; hǫarə, Horn.

Anm. 5. Die R. Mundart hat in der Beschaffenheit des r viel mit bayr. Dialekten gemein, vgl. Weinhold, mhd. Gram. § 86. § 87. Weinhold, bayr. Gram. § 162. Braune, ahd. § 69.

### 3. Nasale.

m, ṃ, n, ṇ. ŋ (= ng).

§ 110.

m.

Der Nasal der Lippenschlusslaute m, der vorzugsweise konsonantisch ist, entspricht mhd. m im Anlaute, Inlaute und Auslaute.

m < mhd. m, mm:

1. Im Anlaute:

mêde, mhd. maentae, Montag; maolə, schimpfen, zanken, zu mhd. mûl, vgl. Schmeller I, 1586; maosrə, zu mhd. mûze = Federwechsel, mausern, vgl. Kluge, etym. Wb. p. 252; mûrəmoes (vgl. schweiz. wurmeise, thüring. urmeise), die kleine rote Ameise; męšuk' = verrückt (vgl. Kluge, etym. Wb. p. 255).

2. Im Inlaute:

āfrǫmə, mhd. vrûmen, vromen, eine Arbeit bestellen; sāmləd, zu mhd. samenen, samenât, ein gewisses Quantum Stroh, Getreide etc.; rãmlə, mhd. rammeln, balgen, streiten; dãemlę = Daumenbedeckung.

3. Im Auslaute:

furm, mhd. form, Art, Weise; ôfurm, Ungebühr, Ungezogenheit; nǫm = hinum; rǫm = herum.

Anm. 1. In einigen Wörtern entspricht m mhd. w, z. B. šwęlmlę, murdsâ, s. § 105 A. 1.

Anm. 2. Assimilationen sind häufig; mhd. mb, mp = m im Auslaut, vor Konsonanten, z. B. frsdêmlə, mhd. verstümbelen, verstümmeln; lām. mhd. lamp, Lamm; n + w = m, z. B. hòmr, mhd. hân wir, haben wir; sêmr. mhd. sind wir.

Anm. 3. Altes mb, mp ist erhalten in: wamb, mhd. wambe, wampe, wamme, Bauch. Wanst.

Anm. 4. m steht für n vor einem Lippenlaute vielleicht in mòmbflə = mit zahnlosem Munde etwas essen, vgl. Schmeller I. 1600.

Anm. 5. Der Wechsel zwischen w und m in ämļ: âwļ, alleweile, immer, kann auf verschiedener Bildung beruhen (-màl, -wil).

Anm. 6. In dem Suffix em, resp. in dessen Schwächung zu en schliesst sich die Mundart dem nhd. Sprachgebrauch an: mhd. bodem, bódə; atem = ǫdem etc.

§ 111.

Sonantisches m ist selten. Es findet sich gewöhnlich in Kontraktionen und in Artikeln, wenn vor Wörtern stehend, die mit einem Konsonanten beginnen.

ǫfm̩: aofm̩, mhd. ûf in, ûf dem, auf ihn, dem; gsilm̩ = Geschwätz; m̩k'êd = dem oder diesem Kinde; baêm̩ = bei ihm.

Anm. Zuweilen ist m auch sonantisch in Artikeln, wenn vor Substantiven stehend, die mit einem Vokal beginnen, z. B. m̩afə = dem Affen.

§ 112.

n.

Konsonantisches n entspricht mhd n im Anlaute, Inlaute und Auslaute.

n < mhd. n, nn:

1. Im Anlaute:

nui (masc.), mhd. niuwe, Neumond; nǫxdə (mhd. noch-dan? vgl. bayr. naxəd = nachhin), nachher; neòmə, mhd. nie-man, niemand; neks, mhd. nihtes, nichts; nûdśə = saugen, zullen (am Finger), vgl. Schmeller I. 1775; nòn, mhd. nunne, verschnittenes weibliches Schwein, vgl. dazu mlat. nonna.

2. Im Inlaute:
durnə, mhd. durnen, donnern; šbênəwęd (mhd. spinneweppe), Spinnengewebe; gnisə, inf. und part. perf. (zu mhd. niusen?), wahrnehmen, übelnehmen, vgl. Schmeller I. 1759.

3. Im Auslaute:
k'än : känd, mhd. kanne, Kanne; wän, mhd. wanne, Futterschwinge, Wanne; iǫ̈han, Johannes; ên, mhd. in, nhd. in.

§ 113.

Sonantisches ṇ findet sich nur in wenigen Wörtern, gewöhnlich in Kontraktionen.

gibṇ dě̂s, gib ihnen das; ǫfṇ : aofṇ, auf den, auf ihn; îhabṇ, ich habe ihn; mǫešdṇs = meistens.

§ 114.

Wegfall von n, gewöhnlich unter Nasalierung des vorhergehenden Vokales, findet statt im Inlaute und Auslaute.

1. Im Inlaute:
ôdę̆dəlę (subst. neutr.), Fehl, Makel, vgl. Schmeller I. 630; mê̆dę, mhd. mêntac, Montag; fliəgə̂d, mhd. vliegend; sâd, mhd. sant, Sand; haê̆d, mhd. hinte, heute; ő̂s, mhd. uns, wir, uns.

2. Im Auslaute:
widmã̂, mhd. witman, Witwer; loə̂, mhd. lôn, Lohn; dsäo, mhd. zûn, Zaun; haeriχə, mhd. hirâten, heiraten; brêγə, bringen; grêə, mhd. grüene, grün.

Anm. 1. Im Satzzusammenhange bleibt n vor Vokal gewöhnlich erhalten. z. B. bêne = bin ich; ə̂nę́s| = ein Esel etc.

Anm. 2. Zwischen n und einem darauffolgenden ch, d, f, ft entwickelt sich häufig Svarabakti, z. B. męnəx = Mönch; hęmər = Hemd; sęnəf = Senf; sänəfd = sanft etc. (ə in den ersten Worten ist kaum das alte e).

Anm. 3. Das n der Nachsilben hat auf den Vokal der Stammsilben, wenn auch der Assonant derselben unausgesprochen bleibt, in der Regel keinen Einfluss und jener wird nicht durch die Nasalierung verunreinigt (fâdə = Faden).

Anm. 4. Ein eigentümliches n findet sich in einigen Abstraktbildungen, z. B. rędnę = Röte; siəsnę = Süssigkeit; gręasnę = Grösse; giednę = Güte etc., s. ob. § 67 g.

Anm. 5. Nasalvokal findet sich nicht bloss bei folgendem (ausgefallenem) n, vgl. hą̈, hę̨ (Interjektionen); måg = mag; nås = Nase; s. § 4.

## § 115.
### ng.

Der gutturale Nasal η̨ (ng) entspricht mhd. ng (nc) im Inlaute und Auslaute.

η̨ < mhd. ng:

dǫ̈η̨ə, mhd. tungen, düngen: dę̀η̨lə, mhd. tengelen, klopfen; šwę̀η̨ə, mhd. swingen, schwingen; bfēnę̀η̨, mhd. pfenninc; širmę̀η̨, mhd. schirmunge, Schutz; gą̈η̨, mhd. gänc, nhd. Gang; šlą̈η̨, mhd. slange, Schlange; mą̊nę̀η̨, mhd. manunge, Aufforderung.

Anm. 1. Durch die Nachbarschaft von n und Gutturalen (Palatalen) ergibt sich oft völliger Übergang von g in η̨. Mechanisch erfolgt er durch gleichzeitige Artikulation von n und g (in der Schrift Umstellung von gn in ng). So werden die Suffixe -igen, ig, lich zu ę̀η̨ə, ę̀η̨, z. B. in: brēdę̀η̨ə = predigen; bei Adjektiven ist wohl zunächst in Formen mit der Endung -en η̨ eingetreten, das dann verallgemeinert wurde, daher z. B. draorę̀η̨ = traurig; hęrlę̀η̨ = herrlich; Verschmelzung von g und n (η) z. B. wą̀η̨r = Wagner; rę̀η̨ə = regnen, vgl. Weinhold, bayr. Gram. § 170.

Anm. 2. Unklar ist die Herkunft des η̨ in dę̨η̨r̄sd, dennoch.

Anm. 3. In der Verbindung η̨ + t steht häufig der Schlaglaut k wie im Schwäbischen, z. B. fą̈η̨kd = fängt, vgl. Kauffmann § 191.

# Anhang.

## Sprachproben.

### 1.

Dr̥ šwêd iš k·o̩mə,
ho̩d aləs midgno̩mə,
ho̩d fêšdr̥ näe̩g̥šlâgə,
ho̩d s blae drfo̩ drägə,
ho̩d k'ûglə draosgo̩sə,
ho̩d me̩nšə fr̥šo̩sə.

Anm. Dies an „den Schweden" erinnernde Liedchen kommt auch in andern Teilen Schwabens vor. Vgl. dazu das in der Einleitung erwähnte Verschen: Be̩d, biəble, be̩d etc.

### 2.

We̩br̥, we̩br̥ wirk,
mo̩rgə k'o̩md dr̥ dirk,
dr̥ dirk de̩ar kòmd fo̩nòbə rà
o̩nd tsiəgd m we̩berle̩ d'hòsə rà.

Anm. Spottlied auf die Weber im Ries, denen mit Vorliebe Furcht vor den Türken vorgehalten wird.

### 3.

Mo̩iek'e̩fr̥ fliəg,
daê fâdr̥ iš e̩m kriəg,
daê muodr̥ iš e̩m e̩nglând
e̩nglând iš abgebränd.

Anm. Kinderliedchen, beim Spielen mit Maikäfern gesungen oder gesprochen.

4.

Ȯs nęarlê₇ŗ,
ŏs ęadê₇ŗ,
ŏs fręsə gęarə gȩ̀s,
ŏs rǫbfȝds nęd,
ȧs dsǫbfȝds nęd,
ȧs fręsȝds mid de šwȩ̊s.

A n m. Die Rieser sind weithin bekannt wegen ihrer Gänsezucht. Um Martini werden die im Ries gezogenen Gänse zu tausenden auf den Markt, nach Nördlingen und Öttingen gebracht.

5.

Šnęk, šnęk, ręk daȩ̂ hoarȝ raos,
ôdŗ i šlakdr ā lôx ęns haos,
ǫdŗ î šmaes dę ęn brǫ̀nə,
fręsədę dšǫf ǫ̀nd nônə.

A n m. Kinderliedchen beim Spielen mit Schnecken.

6.

Habŗ, habŗ gâ₇ɪ râ,
gâ₇ɪ ęn šêndrs gardə nâ,
duə dę gelbę birə ra,
lǫs dę grȩ̂əne hâŋȝ,
dŗ šęndŗ wurd šǫ̀ lâŋȝ.

A n m. Bastlösereim beim Verfertigen von Pfeifen aus Weiden im Frühjahr.

7.

Waȩ̂, mȩ̄dəlę, waȩ̂,
mi gaegdę dslędšmǫl hoȩ̂m,
mi gaegdę ên ů haeslę naȩ̂
dǫ̀ wuršd du ȩ̂wê₇ drȩ̂nə saȩ̂
waȩ̂, mȩ̄dəle, waȩ̂.

A n m. Lied junger lediger Männer, das der Braut beim Heimgang vom Wirtshaus ins neue Heim am Hochzeitsabend (ohne Beisein des Bräutigams) auf dem Wege nachgesungen wird.

8.

Ŏnd jəds họš k'aeriχd
ond jəds biš ā mā
jəds gṣọb dę daêŗ lębdę
k'oê mędlę męə ā.

Anm. Tanzlied beim ersten Reigen des „Brauttanzes".

9.

Aof de maorə
hǫkə d'baorə
gšǫbəd râ wiə d'budlhǒnd,
baerę dię muəs d'hôsə llikə
waels em šnaedr niks fŗgǒnd.

10.

Hękŗ, hękŗ,
šbrę̂ŋ îbŗ d'ękŗ,
šbrę̂ŋ îbŗ d'brǫ̂x,
šbrę̂ŋ dę bęasê buəbə nǫ̂x.

Anm. Verwünschung beim Schluchzen, vgl. Schmeller I. 1184.

11.

Hurararâ
badəd sę â
badəd sę šeə
uir sęnd nǫ gar greə.

Anm. Gänsehirtenliedchen beim Baden junger Gänse.

12.

Gęl, du šwardsaugədę
gęl, fir dî daogədę
gęl fir dî wêre rexd
wàndę nǫr mexd.

13.

Filęd, filęd, filę̂derę
maê šads, dęar iš fô nę̂dere
maê šads, dęar iš fǫ̂m iudəlox
ond gęarə hâbnę dox.

14.

Maè dęandļ hǫd liəb aofgsakd
ònd î ha nęd gwęld;
dǫ habę dɔ ròds râghê₇d
ònd ha rêxd bręld.

15.

Êlę, âlę lęɳšdîl
aldę waebṛ fręsəd fîl,
djò₇ę miəsəd faðdə
ds broad ligd ệm k'asdə
ds mêl ligd ệm glǫgəhaos
gšǫbə drae šeânę dǫgə raos
di oęnə šbîld saedę,
di ândrə klârə waedę,
di dridə lǫsd ds'męserlę falə
šlakd ệm k'ęndlę ds boêle à
ds k'ęndlę gǫd dsòm bâdr
dr bâdr iš ned dshaos
d' k'ads k'êrd šdub naos
d' maos drẹgd ds bêdsę naos
ònd dęs frệlę ofɱ mîšd
lǫsd ən rêxdɔ dixdęə šîs
ònd dṛ gêgr ofɱ dây
hǫd sę šiər nǫ̀ krǫbfəd glaχd.

Anm. Diese beim sogenannten „Auszählen" oft gehörten Reime kommen auch in andern Gegenden Schwabens, allerdings in etwas abweichenden Fassungen vor. Im Ries selbst hat dieses Auszählelied noch einen andern Anfang: „hǫšə, bǫša, daobɔ dręk. buobɔ fresòd aləs węg; d mêdlɔ miəsəd fasdə etc.

16.

Fiər ręslə âm wâgə.
wiə šbânęs dèn nä?
di hêɤ̆šdlə àn daeksl
di kloęnɔ hęnd nä?

17.

Î ọnd dû ọnd nõml ā sọdŗ
sẹ̆mŗ rẹxde lõmbə,
wămrs gẹld fŗsufə họ̆nd
mias mŗ wasŗ gõmbə.

18.

Saof bruədŗ, saof,
duə daê gurgl̦ aof,
mọrgə k'ômd dŗ k'abodsênŗ....

19.

Iš mŗ al maê gẹld fŗšemld
mid deəm wiəšdə wasŗgsaof
sol sẹ dés ā jêdŗ mẹrkə
dasŗ hẹbd k'oê gẹld ned aof.

20.

Maê šads iš û šuošdŗ
họd aləwael bêx
wănŗ koê gẹld nẹd họd
dsâln î dsẹx.

21.

Dọ dọ̀nd bẹnẹ raof.
wọ mə̀ d ẹardbirə baod;
dọ bẹnẹ aofgwaksə,
wiə ds ẹarbiəkraod.

22.

Î hâ mâe lẹbdẹ nọ ned gšbârd.
i ha mŗ niks fŗwọrbə,
õndsledšd dọ kọ̀md dŗ dəad ọ̀ns haos,
nọxd hoesds dŗ lõmb iš gšdọrbə.

23.

Lẹfl̦ raos, grẹ̆nds drọf naof,
î wẹ̆nš ä gliksẹlê 7̦s nuijọ̈r êns haos.

24.
Ales iš fṛrukd
ọnd ales iš fṛkẹard
ẹm wẹndṛ šird mās ôfəlox
ẹm sòmṛ ọfiṃ hẹard.

25.
Wằn dṛ mõnd so šeə̂ šaêd
ọnd šdẹarə drọ̀m rọ̀m
nọ dẹf maê šads dēnkə
das i ộ nōml̩ k'ọ̀m.

26.
Hẹrəsa họbəsa
widr was naes
sidsd dṛ ọks aofṃ diš
suẹxd dṛ k'uo laes.

27.
a) Ô, hānsl̩, họhộ,
lọs ds' kraedsšdekl̩ dộ
dû k'ãšdn̩ nẹd braoxə̄
abṛ mi gọdṛ ā.
b) Du drẹkeꝵr baor
iəds lẹkš mẹ àm àrš
ds kraedsšdẹkl̩ aofm bukl̩
šlẹg aofṃ àrš.

28.
Họbə dẹ họb bẹ̃n laosẹ
họbẹ dẹ họb bẹ̃n folr flẹə̂
al maê gẹld fṛsaofə
hab k'oên kraedsṛ meə̂.

29.
Dṛ hānsl̩ aofiṃ saešdal,
d grẹadl̩ aofm mišd,
dr hānsl̩ šraed awl̩:
grẹadl̩ wọ bišd?

30.
a) Ônd mae fädr họd gsakd.
bua fîr dę faę aof
węn d'fufdsgŗ ned rocxę.
doênę marksdiklę raos;
b) oud mae fâdr họd gsakd.
gęl bua fîr dę guəd aof,
wând haêd k·oênə kriẹgŝd,
muəŝ ęn daobęŝlåg naof.

# Verzeichnis der Quellen und Hilfsmittel.

Bücher, die für die Arbeit blos im vorübergehen einmal eingesehen worden, sind hier nicht verzeichnet.

---

Adelung, J. Ch. Wörterbuch Bd. I—IV. Leipzig 1796.
Alemannia, v. Dr. A. Birlinger.
Bahder, K. von. Grundlagen des nhd. Lautsystems. Strassburg 1890.
Baemeister, aleman. Wanderungen I. 1867.
Baumann, Geschichte des Allgäus I. 1881.
Bavaria, Landes- und Volkskunde des Königreichs Bayern, v. e. Kreise bayr. Gelehrter. München 1865.
Behaghel. Geschichte der deutschen Sprache in: Grundriss der germ. Phil. hrsg. v. Paul, Strassburg 1889.
Beiträge. zur Geschichte d. d. Sprache u. Litteratur, v. H. Paul u. W. Braune. Bde: XVII. XVIII, XIX.
Birlinger, A., Augsburger Mundart. 1862.
Birlinger, A., Die Namen Alamannen, Schwaben etc. Alem. XVI. 257 ff.
Bohnenberger, Schwäbisch ę als Vertreter von a. Germania 34. 194 ff.
Bopp, C., Der Vokalismus des Schwäbischen in der Mundart v. Münsingen. Dissertation. Strassburg 1890.
Bothmer, Max. Graf von und M. Carrière. Melchior Meyr. Biographisches etc. Leipzig 1874.
Braune, W., Althochdeutsche Gram. Halle 1891.
Bremer, O., Deutsche Phonetik. Leipzig 1893.
Brenner, Oscar und Hartmann, Bayerns Mundarten I. München 1892.
Brenner, Oscar. Zum Deutschen Vokalismus in P. B. b. Bd. XIX. 472 ff.
Feist, S., Got, Etymologie. Strassburg 1888.
Fischer, H. Über den schwäb. Dialekt und schwäb. Dialektdichtung. Württemb. Vierteljahresh. 1884. p. 130 ff.
Fischer, H., Schwäb. Mundart. Tübingen 1895.
Franz, Wilh., Die lat.-roman. Elemente im Althochd. Strassburg 1884.
Frickhinger, A., Die Grenzen des fränk. und schwäb. Idioms in: Beiträge zur Anthropologie und Urgeschichte Bayerns. VIII. 4. München 1893.
Frommann, K., Die deutschen Mundarten Bd. I—VII.
Grimm, Jac. u. Wilh., Deutsches Wörterbuch.
Grimm, Jacob. Weistümer. Bd. VI. Göttingen 1869.
Heusler, A., Der alem. Consonantismus in der Ma. von Baselstadt. Strassburg 1888.
Hoffmann, E., Der mundartliche Vokalismus von Baselstadt. Dissert. 1890.
Holder, A., Die mundartliche Dichtung i. Ries in: Alemannia XXII. 264 ff.

Hutter, M., Aus den Jahrbüchern des Klosters Maria Mai i. Ries. Aufzeichnungen der Priorin Walpurgis Schofflerin über die Geschicke ihres Konventes i. J. 1525. Augsburg 1891.
Jakob, G., Allerloi, Gedichte i. Rieser Mundart. Nördlingen 1893.
Jocham, M., Die bayr.-schwäb. Mundart, Bavaria II. 2. 812.
Kauffmann, Fr., Geschichte der schwäb. Mundart Strassburg 1890.
Kühn, Joh., Gedichte in Rieser Mundart; Nördlingen 1894.
Kluge, Fr., Etym. Wörterbuch. V. Aufl. Strassburg 1894.
Kluge, Fr., Von Luther bis Lessing. Strassburg 1888.
Learned, M. D., The Pennsylvania German-Dialect. Baltimore 1889.
Lexer, M., Mittelhochd. Wb. Bd. I—III. Leipzig 1872.
Mayer, Christian, Über die Ortsnamen im Ries etc. Nördlingen 1887.
Meyr, Melchior, Ludwig und Annemarie; Ende gut, alles gut. Erzählungen aus dem Ries. Leipzig Brockhaus 1892.
Monninger, Georg, Das Ries und seine Umgebung. Nördlingen 1893.
Paul, Herm., Mittelhochd. Grammatik. Halle 1889.
Ruf, T., Zur Heimatskunde des Rieses. Nördlingen 1873.
Sailer's S., Sämmtliche Schriften in schwäb. Mundart. 4. Auflage von Hassler. Ulm.
Schade, Althochdeutsches Wörterbuch I. II.
Schmeller, J. A., Bayer. Wb. Bd. I. II. München 1872.
Schmeller, J. A., Die Mundarten Bayerns, gram. dargestellt. München 1821.
Schmid, von, Schwäb. Wörterbuch. Stuttgart 1831.
Sievers, E., Grundzüge der Phonetik. 3. Auflage. Leipzig 1885.
Steichele, Das Bistum Augsburg. Augsburg 1864 ff.
Steub, L., Über die Urbewohner Rätiens und ihren Zusammenhang mit den Etruskern. München 1843.
Trautmann, M., Die Sprachlaute. Leipzig 1884—86.
Wagner, Der gegenwärtige Lautbestand des Schwäbischen in der Mundart von Reutlingen. Reutl. 1891.
Weinhold, K., Bayer. Grammatik. Berlin 1867.
Weinhold, K., Alem. Gram. Berlin 1863.
Weinhold, K., Mittelhochd. Grammatik. Zweite Ausgabe. Paderborn 1885.
Weng und Guth, Das Ries, wie es war und wie es ist. Nördlingen 1836-44.
Wild, M. K., Rieser G'wächs. Nördlingen 1880.
Weitzmann's sämmtliche Gedichte in schwäb. Mundart. Stuttgart 1873.
Weitbrecht, R., No gstät, a Schwobagschicht. Ebner-Ulm 1895.
Wilmanns, W., Deutsche Gram. Strassburg 1893.
Wilmanns, W., Die Orthographie in den Schulen Deutschlands. Berlin 1887.
Zeuss, Die Deutschen und die Nachbarstämme. München 1837.